JN232215

Style 01

レザーブルゾン 17 万円／トラデュイール、カシミヤ タートルネックノースリーブニット 4 万 3000 円／ステラ K（アイゴールド）

Style 02

タートルネックノースリーブニット6万9000円、カーディガン9万8000円／ともにクルチアーニ（クルチアーニ 銀座店）スカート2万7000円／セオリーリュクス（リンク・セオリー・ジャパン）、靴7万4000円／ジミーチュウ、腕時計／パテック フィリップ（私物）、サングラス6万5000円／オリバー・ゴールドスミス（ブリンク ベース）、バッグ／エルメス（私物）

シャツ３万3000円／バルバ（ストラスブルゴ）、スカート２万4000円／ダブルビー、メガネ２万円／ターニング（ブリンク ベース）、腕時計／私物

Style 04

ワンピース 23 万円／キートン、カーディガン 3 万 3000 円／ジョン スメドレー（日本橋髙島屋 本館 シーズンスタイルラボ）、パールネックレスとイヤリングのセット 36 万円／三越パールセレクション／日本橋三越本店 6 階 宝石サロン（日本橋三越本店）、腕時計 STGF345 75 万円／グランドセイコー（セイコーウオッチ）、バッグ／私物

トレンチコート10万6000円／サンヨー コート(SANYO SHOKAI)、バッグ29万5000円／ヴァレクストラ（ヴァレクストラ・ジャパン)

Style 05

必要なのは、美意識と知性と少しの色気

干場義雅が語る
女性のお洒落

HOSHIBA's
Guide to Women's

Timeless Style

Discover

あなたの美しさを最大限に引き出す「本当のお洒落」とは？

はじめまして、干場義雅です。

僕は、長年男性向けのファッション雑誌の編集をしてきました。現在は、講談社のウェブマガジン『FORZA STYLE（フォルツァスタイル）』の編集長を軸にいろいろなことをしております。『にじいろジーン』（フジテレビ）や『ヒルナンデス』（日本テレビ）などのテレビ番組に出演したり、『SEIKO ASTRON presents World Cruise』（TOKYO FM）ではラジオ番組のメインパーソナリティをさせていただいたり、最近人気のYouTubeの動画番組『BR. CHANNEL ファッションカレッジ』では講師を務めていたり、バッグブランド「ペッレ モルビダ」やシューズブランド「WH（ダブルエイチ）」、タカシマヤでは「スタイルオーダーサロン」などのブランドのプロデュースをさせていただいたり、メンズファッションの書籍を執筆したりと、ファッションディレクターとしてさまざまな活動をしています。他にも『STORY』や『Domani』、『CLASSY』、『Oggi』、『BAILA』などといった女性ファッション雑誌にもたびたび登場させていただくことがあるので、僕の名前を知っている方もいらっしゃるかもしれません。

とはいえ、おもに男性向けに向けてファッションを伝えてきた僕が、なぜ今回、女性向けの本を書くことになったのか？

お洒落の本質は男性も女性も同じ

長年ファッションに携わってきて、たどりついた僕なりの哲学があります。それは、**「移り変わるファッション（流行）より普遍的なスタイル（型）を」、「多くの粗悪なものより少しの上質なものを」**ということ。

流行のものや安いものが悪いとは言いませんが、読んで字の如く「流れて行くもの」は、いずれ廃れます。また「安物買いの銭失い」という言葉があるように、安いからと買っても、たいていのものは品質がよくなかったりするので、買ったときは得をしたように感じますが、すぐに壊れて使い物にならなくなったりします。

流れていくものや安いものばかりに目がいってしまっては、いつまで経っても自分のスタイル（型）・様式は形成できません。僕がお伝えしたいのは、**ファッション（流行）ではなくスタイル（型）**。流行に流されない自分の型をつくりましょうということです。千場なら千場型をつくることが大切。それは男性も女性も同じです。

服が素敵なのではなく「あなた自身が素敵」な装いを

また、もう一つお伝えしたいのは、「**洋服が素敵と言われるのではなく、○○さん素敵と言われる」ような女性になってほしいということ**。「そのワンピースかわいい！

どこで買ったの？」というのは、あくまで洋服だけがほめられていることであって、本人が素敵ということではありません。やっぱり洋服を含めた本人自身が素敵と言われることこそ嬉しいものです。

そう言われるようになるためには、健康に留意し、中身を磨くこと。そうして磨いた中身を際立たせるために、洋服はなるべくシンプルでベーシック、上質なものを選ぶということです。**洋服を身につけることで、その人をさらに輝かせることが、お洒落の本当の目的ではないでしょうか**。

そして、さらに知性があれば、その洋服を着て行く際の時間、場所、目的や一緒にいる人に対しての敬意などを考慮できるようになります。洋服やアクセサリーだけが目立つのではなく、**トータルで美しく、シーンや景色に溶け込み、なぜか印象に残るような女性を目指してほしいのです**。

昨今、たくさんの女性向けファッションの書籍が出ていますが、「流行」や「着こなし」、「着回し」に比重を置き過ぎているように思うんです。「この20着でOK」と書いてあっても、実はたくさん買うべきものがある……。

本当に良いもの、長く使えるものは、流行に左右されません。モデルのようにいろいろなスタイルを着こなす必要もありません。自分に似合っていて、着心地が良くて、最大限に美しく見せてくれれば、毎日同じスタイル（型）だっていいんです。それがその人らしさにつながり、内面を際立たせると思うのです。

「日本の女性はお洒落」だと言われることもありますが、僕から見ると、本質を知らずただ流行のものを身につけているだけに見えてしまうことがあります。

女性は男性よりファッションに敏感です。情報もあらゆるところから入ってきます。自分が好きなようにお洒落を自由に楽しむことは、素晴らしいことです。ファッション雑誌を読んだり、ショッピングをしたり、流行のものを身につけたりすることも悪いことではありません。ただその前に、ベース（土台）として「**お洒落をするとはどういうことなのか**」、「**大人の女性として最低限そろえておくものは何なのか**」という**本質**を、本書で知っていただければと思うのです。

Introduction

一人でお洒落より、二人で素敵

「魅力的な女性」になるためには、女性のみならず、時には男性の鋭い視線も必要です。鋭い視線とは、でき上がった全体を評価する男性の視線ということです。女性の美しさは、個別のパーツではなくトータルで美しくなければ意味をなさないからです。異性である男性の僕が女性の装いについて言及するという意味で、本書を読んで男性が何を考えているかをご理解いただけると幸いです。

男性が思う「魅力的な女性」は、女性が思うそれとはかなり違います。たとえば、男性から見ると女性の流行は、まったく理解できないと言ってもいいでしょう。女性ファッション雑誌で取り上げられる「カワイイ」や「モテ」も、実はそれほど求めていません。全身を流行服で着飾った女性には、引いてしまうというのが、正直なところです。

男性は、女性のどんなファッションが魅力的に感じるのかについても、本書でお伝えしたいことのひとつ（「あら、男ってこんなこと考えてるのね」なんて読み方もしていただければと思います)。

昔、僕が作った雑誌で、「一人でお洒落より、二人で素敵」という特集をしたことがあります。ヨーロッパの街角では、そういう素敵な大人の二人をたくさん見かけます。カップルでも親子でも友人同士でも、まるで示し合わせたかのように「お似合い」のスタイルをした二人をよく見かけるのに、日本には少なかったからです。

二人で素敵というのは、一人でお洒落をすることよりはるかに難しいものですが、そろそろ日本でもそういう素敵な二人がたくさん出てきてもいいのではないかなぁと思うのです。

服装にはTPPOS(タイム、プレイス、パーソン、オケージョン、スタイル)が重要です。**自分のためだけでなく、その場にふさわしく、一緒にいる人にとって心地良い服装というものを、身につけられるのが魅力的な大人の女性だと思うのです**。

「自分のためにお洒落をしているのだから誰がどう思おうと関係ない!」というのは、若い頃ならいいかもしれません。でも、個性的すぎたりTPPOSに合わなかったりしてまわりを戸惑わせたりするのは、大人の女性とは言えないのではないでしょうか。

僕が、ベーシックで上質なスタイルを提案するのは、こんな理由もあります。

イタリア人女性のベーシックな装いと上質な色気

僕はスーツが大好きで、特にイタリアのものづくりに魅せられ100回を超える渡航歴があります。

イタリアの大人の女性たちは本当に魅力的です。シンプルな色使いでベーシックな装いをしているのにも関わらず、上質な色気があって、趣味がいい。ファッションだけでなく、しゃべり方、歩き方、表情などを含めて総体的なスタイルがなんとも魅力的。それは、自分自身の個性をきちんと理解し、その内面を反映されたスタイルをしているからです。

そういう女性を、イタリア男たちは「エレガンテ（魅力的）な女性」と称賛します。

本書で提唱する「魅力的な女性」も、イタリア人女性のように、ベーシックな洋服を着ながらも、上質な色気があって、内面の魅力が引き立つ女性です。例えば、黒いシルクカシミアのタートルネックのニットや上質なコットンの白いシャツといった、極めてコンサバティブでシンプルな洋服を着ているのにもかかわらず、魅力的に映る女性です。

目指すべきは、あなたの美しさを最大限に引き出すスタイル

では、実際にどうやったらそんな魅力的な女性になれるのか。本書の構成に沿ってご説明していきましょう。

まず1章では、アクセサリーや時計、サングラスなどの「軸」について。これらは、洋服よりもより肌に近いところにいつもつけるので、よりあなた自身に近い存在です。

なるべく普遍的で上質なものを選んでください。

多くは必要ありません。ピアスなら一粒のダイヤモンド、ネックレスなら上質なパール。どんな服にでも合って、どんなところへ行っても恥ずかしくないものばかりです。

2章では、ワードローブをご紹介します。ファッション雑誌や他のお洒落本を見慣れていると、びっくりするかもしれません。ワンピース、ニット、ジャケットなど、とにかくベーシックで上質なアイテムを厳選しました。色もほとんど黒、白、グレー、ネイビーといったベーシックカラーのみです。究極のタイムレスワードローブといえるでしょう。

大人の女性なら持っていてほしいもの、10年先も間違いなく使えるものばかりです。そして場所を選ばず、いつどこにでも着ていけるものばかり。まずこれらをそろえることがお洒落の第一歩。応用は、そのあとです。

続いて3章。ここでは、いちばん大切な中身について。「服を着る前の身体そのもののケア」についてお話しします。ヘアスタイルや肌、口元、手元など。何**より大切**

なのは健康であること、そして清潔感です。男性がグッとくるポイントについても知ってもらえれば幸いです。

最後に4章では、心の内面について少しお話しさせてください。**どんなにスタイルがよくて、上質な洋服を着ていても、内面が残念な人は「魅力的な女性」とは言えません**。僕の理想の女性を語るような感じになってしまいますが、こんな女性に男は憧れるのだと参考にしてもらえると嬉しいです。

僕が本書で提案するスタイルは、**洋服が目立つのではなく、あくまであなた自身が際立つスタイル。人の個性を美しく引き出すスタイルなのです**。

前置きが長くなりましたが、本書をお読みいただくことによって、あなたの内面の魅力がもっともっと周りの人に伝われば、こんなに嬉しいことはありません。少しでも、多くの方が「魅力的な女性」になるお手伝いができれば幸いです。

Contents
目次

Chapter 1

自分を表す軸となるジュエリー&アクセサリー

Chapter 2

究極のタイムレスワードローブ

Chapter 3

実はいちばん大事な身だしなみ

Chapter 4

魅力的な女性に必要なもの

Contents

カバー表1: レザーブルゾン 24 万円（参考上代）／ル ヴェルソーノアール（ラ・フォンタナ・マジョーレ 丸の内店）、タートルネックノースリーブニット 6 万 9000 円／クルチアーニ（クルチアーニ 銀座店）、スカート 3 万円／モガ、腕時計（私物）
カバー表 2: タートルネックノースリーブニット 6 万 9000 円、カーディガン 9 万 8000 円／ともにクルチアーニ（クルチアーニ銀座店）／スカート 2 万 7000 円／セオリーリュクス（リンク・セオリー・ジャパン）、バッグ 18 万円／ヴァレクストラ（ヴァレクストラ・ジャパン）靴 7 万 4000 円／ジミーチュウ、腕時計／パテック フィリップ（私物）
オビ写真： NAOTO OTSUBO

※本書に掲載している価格はすべて税別です。
※2018 年 11 月現在の価格です。
※シーズン終了後に商品の販売を終了することもあります。

Chapter 1 *Jewelry & Accessories*

「いつでも使えるずっと使い続ける 自分を表す軸となる ジュエリー& アクセサリー」

「軸となる普遍的なものにこそ投資する」

10年先も20年先も価値が変わらないもの、年を重ねてもずっと使い続けられるもの。これらは、購入時に多少高くても投資する価値のあるものです。

これは、本書で紹介するアイテムすべてに共通することですが、この哲学が特にあてはまるのが、腕時計やバッグ、ピアスなどの小物類です。

今の僕のファッションは、すっかり落ち着いて決まったスタイルになっていますが、実はさまざまなジャンルのファッションを経てたどりついたスタイルです。

わかりやすく挙げるだけでも、アメカジに渋カジ、トラッドにモードにイタリアンと、たぶん家1軒買えるほどお金を費やしてきました。でも、若いときは、心惹かれるままに楽しめばいいと思うんです。それも勉強だと思うので……。

女性は男性よりもアイテムやテイストの種類が豊富です。派手なモード、フリフリのフェミニン、着崩したカジュアルなどなど……。情報もファッション雑誌やウェブなど、あらゆるところから入ってきます。それが楽しいのもよくわかります。

そんな中で、**流行に左右されることなく自分を表現できるのが、腕時計やバッグ、ピアスなど、スタイルの軸となるアイテムです**。洋服は変わっても、軸となるアイテムを愛用し続けることは自分のスタイルにつながります。

「自分の軸を表すアイテム」は、数ではなく質が重要です。ここで紹介する商品はどれも、いつどこにつけていっても恥ずかしくないし、ベーシックなのでどんなスタイルにも似合うものばかり。

ラグジュアリーなアイテムは自分を今よりも高みの世界へ連れていってくれます。ちょっと背伸びして手に入れたものを身につけたときの高揚感とそのアイテムにふさわしい自分になるよう努力することが、人生を充実させることにつながるのです。

ダイヤモンドの一粒ピアスは、どんな装いにも似合い、品格をアップしてくれるアイテム。芯のある知的な女性を想像させてくれます。ピアス205万円、リング110万円／ともにハリー・ウィンストン

01

Diamond earrings

「ダイヤモンドの一粒ピアス」

女性の顔を華やかに見せる魔法のアイテム

たとえノーメイクでも女性の顔を華やかに見せてくれる魔法のアイテムがあります。それはダイヤモンドの一粒ピアスです。もともと顔まわりには明るいものを身につけたほうがよいとされ、さまざまなジュエリーがありますが、ダイヤモンドの輝きは格別。美しさを自然に上品に引き上げるうえ、表情を豊かに見せてくれます。

あるときの仕事の打ち合わせ中。相手の女性が真剣な面持ちで、ふっと髪を耳にかけました。その瞬間、ダイヤモンドのピアスがキラッと輝き、彼女がとびきり知的に見えたのです。シンプルで小さいのに、こんなにパワーがあるなんて！

ダイヤモンドは、ピアスの中でもまさに別格の存在。大人の女性ならとびきりいいものを一つ、絶対に持っておくべきでしょう。

ダイヤモンドには、4Cといわれる品質を評価する基準があります。Carat（カラット・重さ）、Clarity（クラリティ・透明度）、Color（カラー・色）、Cut（カット・プロポーション）。

多くの人がカラット数やカラーをセレクトの基準にしますが、実は、カットもとて

も重要な判断材料です。他のグレードがよくてもカットのグレードが低い場合、反射率が悪くなり、輝きの度合いが落ちてしまうことがあるのです。クラリティのランクを少し下げて、カットのグレードを上げるほうが、同じ値段でもよい輝きのものが見つかるかもしれません。

カラット数はあまり大きすぎると嫌みになるし、小さすぎると目立たないので0.5〜0.8カラットくらいがベター。高額のものには、キャッチがバネ式だと落ちることも防げるので安心です。

複数は必要ありません。上品に美しく見せるには、上質なダイヤモンドを左右に一つずつで十分です。

ダイヤモンドは洋服を選びません。カジュアルでもコンサバでもフォーマルでも、何にでも対応できる、いわゆる万能の貴石。最強のパワーストーンとも言われています。

僕は、ピアスは、あえて常に同じものをつけていてほしいと考えています。トレンドのアイテムはあれこれ変えるのも楽しいですが、大人の女性には〝長く大切に使っていく〟というモノに対しての愛情も同時に持っていてほしいからです。

これさえあれば、の上質な一粒ダイヤ

Harry Winston

「ハリー・ウィンストン」のダイヤモンド一粒ピアス

２つのフック爪でしっかりダイヤモンドをキープ。髪を耳にかけたときに見えるダイヤモンドの輝きはどんな装いも格上げして見せてくれます。ピアス205万円／ハリー・ウィンストン

TIFFANY&Co.

「ティファニー」のイエローダイヤモンドピアス

ダイヤモンドの中でもイエローは特別な色。同じランクのダイヤモンドに比べ希少価値が高く、こだわりも感じさせてくれます。ピアス243万8000円／ティファニー(ティファニー・アンド・カンパニー・ジャパン・インク)

Cartier

「カルティエ」のダイヤモンド一粒ピアス

ダイヤモンドそのものの輝きを最大限に引き出すラウンドカット。一粒が0.5カラットあると、存在感も大きくなり、ラグジュアリー感も増します。ピアス246万5000円／カルティエ

Watch

「腕時計」

大人の女性の腕時計は
クラス感が大切

024

装いを選ばず、常用使いできるステンレススティールのブレスレットタイプの腕時計。人気の定番タイプもケースにダイヤモンドが施されているので華やかな印象に。「タンク フランセーズ」腕時計72万7500円／カルティエ、レザーブルゾン17万円／トラデュイール

男性はとにかく腕時計が好き。実は男性にとっての腕時計は、お洒落だけではなく身につけている人がどんな人物なのか（財力・嗜好など）が判断されるアイテムでもあります。たとえば、海外のホテルでは、腕時計は必ずチェックされます。それは「このお客様は上顧客になっていただけるかどうか」という判断材料になるからです。

腕時計選びは、どんなブランドのどんなアイテムを選び、どんなスタイルが好きで、どんな思考性をしているかという人となりを表すもの。手巻きの腕時計をしていれば、古いものを大切にする人柄なのかと考えたり、時間を大切にしているていねいな暮らしが想像できたりすると、グッとその人に興味がわくのです。

そんな素敵な一面を垣間見せるためにも、大人の女性なら、自分に似合う上質で品性とクラス感のある腕時計を持っていてほしいと思うのです。スマホで時間を確認するなんて、あまりにも味気ないと思いませんか？

腕時計のセレクトの基準は、男性も女性も同じで、基本は2本持ち。1本はドレスウォッチで、1本は普段使いです。

ドレスウォッチは、晴れの舞台で活躍できる逸品を。たとえば、ホワイトゴールドにダイヤモンドなどがセッティングされた、黒革ベルトの2針（時針と分針）の腕時計なんて素敵です。特別な時間を優雅に過ごすなら、秒まで気にしたくないですからね。少しダイヤモンドが施されているものも華やかさを添えてくれるので良いでしょう。腕時計のケース（文字盤のまわりの外装部分）をジュエリーの色とそろえると統一感があって、ファッションにまとまりが出ます。ジュエリーがホワイト系なら腕時計もホワイト系、逆にゴールドならゴールドにそろえるのが装いの基本。

普段使いなら、ラグジュアリーブランドのステンレススティールケースの腕時計が、スタイルを選ばないのでおすすめです。コーディネートしやすいうえ、防水性があると海やプールなどにもつけていけるので便利です。

最初の2本は、適度に小振りなものが女性らしく使いやすいですが、男性と同じような大振りな腕時計をするのも上級者にはおすすめです。

腕時計の基本は2本持ち

「IWC」のポートフィノ

名門、IWC の人気シリーズ「ポートフィノ」の中でも月の満ち欠けが感じられるムーンフェイズは、こだわり派の男性もうなる一本。ステンレスティールケースのベゼルにセッティングされた 66 個のダイヤモンドは女性の腕を美しく見せます。腕時計 140 万円／ IWC

「カルティエ」のパンテール ドゥ カルティエ

世界的ジュエラーとして名高いカルティエの人気コレクション「パンテール ドゥ カルティエ」。細かなステンレススティールのブレスレットと小さめのフェイス、そしてちりばめられたダイヤモンドが、都会的でエレガントな女性をイメージさせます。腕時計 79 万 2500 円／カルティエ

「パテック フィリップ」の Twenty-4®

世界三大時計であり、多くの人が憧れるパテック フィリップ。中でもこちらのタイプはレディスラインのみに存在する角型モデルはシンプルで美しく、数字部分とサイドにダイヤモンドが施されて人気の逸品。腕時計133万円／パテック フィリップ（パテック フィリップ ジャパン・インフォメーションセンター）

「ヴァシュロン・コンスタンタン」のパトリモニー

世界最古、また世界三大時計として知られている名門ヴァシュロン・コンスタンタンの名作。メンズサイズのシンプルで美しい薄型のドレスウォッチを、あえて女性がするのも素敵に見えます。腕時計 210 万円／ヴァシュロン・コンスタンタン

Grand Seiko

「グランドセイコー」の
エレガンスコレクション

腕時計は、いうまでもなくファッションの一つ。つけている腕時計で、どんな人柄かイメージできます。腕時計が自己表現のツールであることは、世界中で共通のこと。国境も言語も超えてグローバルに活躍する女性たちにとって、腕時計選びはとても大切です。

グランドセイコーは日本が世界に誇る唯一無二のラグジュアリーウォッチブランド。さまざまなメーカーやブランドの腕時計を経験してきた世界の腕時計マニアたちからも、その製品作りの確かさや美しさから信頼を獲得しているブランドです。

中でも、このモデルは、物事の本質を捉える女性たちに相応しい逸品。艶やかな深紫（こきむらさき）色の文字盤が美しく、ケースのベゼル（ガラスの周りに取り付けられるリング状のパーツ）をなくすことで、両サイドの造形を際立たせるデザインです。ドーム状のサファイアガラスを包み込むように大きなアーチを描くグラマラスなカーブフォルムは､女性の手元を美しく演出するとともに､腕に優しくフィットします。

たとえるなら、海外経験があるからこそ、日本の美しさをきちんと理解している凛とした国際派の女性といった感じではないでしょうか。タイムレスで、スタイルを選ばないシンプルでラグジュアリーなデザインだから、仕事はもちろん、カジュアルなスタイルまで使え、長年愛用できること間違いなし。自分のスタイルを持った素敵な女性にピッタリの腕時計といえるでしょう。

信頼感のあるムーブメントと卓越した匠の技の集結

1967年に生まれたグランドセイコーの傑作モデル「62GS」をベースに、エレガントなレディスモデルに進化させたシリーズ。10気圧防水、ステンレススティール、サファイアガラス、ダイヤモンド入りダイヤル。腕時計 STGF345 75万円／グランドセイコー（セイコーウオッチ）グランドセイコーマスターショップのみでの取扱い。

腕時計 STGF345 75万円／グランドセイコー(セイコーウオッチ)、ワンピース23万円／キートン、ピアス(私物)

約7mm珠の約40cmパールネックレス43万円、約7mmの約80cmパールネックレス86万円／ともにミキモト（ミキモト カスタマーズ・サービスセンター）、カーディガン3万3000円／ジョン スメドレー（リーミルズ エージェンシー）、ブレスレット（私物）

03

Ppearl necklace

「パールのネックレス」

大人の女性に不可欠な高貴の輝き

パール。それは品格を表すジュエリーです。世界各国の王室・皇室の式典でも、その繊細で上品な輝きは賓客たちの装いに欠かせません。**ダイヤモンドが一瞬にして華やかなきらめきを得られるものなら、パールは一瞬にして高貴の輝きを得られるものといってもよいでしょう**。

仕事用のネイビーワンピースも、パールを加えるだけでパーティにも出席できる装いに一変します。シルバーやゴールドとは一線を画すワンランク上の存在感を示すパワーを持っているのがパールなのです。

大人の女性が持つべきパールのネックレスは、アコヤ貝などからとれる美しい球状の本真珠で自然な白。どんな服にも似合います。ほんの少しピンクがかったものや黄色みがかったものも高級感があってとてもエレガントです。バロックパール（少しいびつな形のパール）や淡水パール（川や湖などの淡水で育つ貝からとれるパール）も最近はたくさん出ていますが、ややカジュアル。2本目以降にはいいですが、まずは本真珠からそろえるのがおすすめです。

「照り」といわれる艶やかさのあるものを選びましょう。大きすぎると迫力が出す

MIKIMOTO

「ミキモト」の
ロングネックレス

ネックレスとしてはもちろん、手にグルグル巻きにしてブレスレットとしても活用できる使いやすい約7mm珠。ミキモトのMのパーツがキラリと光りポイントに。約80cmのパールネックレス86万円／ミキモト

Mitsukoshi

「日本橋三越本店」の
アレンジパールネックレス

フック式のクラスプでロングネックレスとしてだけでなく、Y字のネックレスとしても使用可能な7.5mm珠。2重にして使えば華やか印象に、さらに短くチョーカーにして後ろに垂らせば艶やかな印象に。87cmのパールネックレス26万円／日本橋三越本店6階宝石サロン（日本橋三越本店）

少し高くても高品質な一生ものを

Takashimaya

「タカシマヤ
パール セレクション」の
パールネックレス

女性をさらに華やかに見せてくれるゴージャスな9mm珠パール。薔薇のクラスプはタカシマヤのオリジナルデザイン。40cmパールネックレスとイヤリングとのセット50万円／タカシマヤ パール セレクション（日本橋高島屋 本館 ジュエリーサロン）

ぎてしまうので粒は7ミリ程度が理想でしょう。1連であればプリンセスラインといわれる鎖骨の下あたりにくる42〜43センチがベストです。

少し小さめ3〜5ミリ程度の粒であれば、80〜85センチの長さにしてロングネックレスにするのもいいでしょう。ロングネックレスは、クラスプ（留め具）を2か所つければ長さが変えられるので、1連でロング、2連でプリンセスライン、またぐるぐる巻きにしてブレスレットにと、あらゆるシーンに対応できて便利です。この1本さえ持っていけばいいので、旅先でのお洒落にもおすすめです。

パールの取り入れ方はあくまでも〝さりげなく〟が原則。ネックレス、リング、ピアスをすべて統一してしまうと、どんなに品格あるパールでも途端に野暮ったく見えたりもします。よほど格式高い式典でもない限り、一か所にさりげなくつけるくらいを心がけましょう。

パールネックレスは冠婚葬祭でも必要とされるアイテム。**一生ものとして、少し高価でも高品質でベーシックなデザインを選んでおくのが賢い投資方法です。**

04 *Ring*「指輪」

見るたびに幸せをかみしめる 自分のためのジュエリー

ブシュロンの人気コレクション、18K ホワイトゴールドにダイヤモンドの「キャトル」。ボリュームのあるリングは、あれこれつけるよりも一点だけでつけるほうがサマになります。ジュエリーは、ピアスや腕時計のカラーとそろえて選ぶことを心掛けて。リング 89 万円／ブシュロン、ワンピース 5 万円／ヨーコ チャン、腕時計／ヴァシュロン・コンスタンタン（私物）

女性にとっての指輪は、「自分のためのジュエリー」であることを知っていますか？以前、イタリアのジュエリーブランドの社長にインタビューをしたとき、こう言われました。「ピアスやネックレスは常に自分で見ることができない、いわば〝相手のためのジュエリー〟。それに対し、指輪は〝女性自身が満足し、喜びをかみしめるためのジュエリー〟」と……。

たしかに、**ネックレスやピアスは、化粧室などで鏡を見るときしか見ることができないのに対し、リングは常に自分の目でその存在を確認できるのです**。大好きな人からもらった指輪や何かを成し遂げたご褒美としての指輪をしているとき、自分の指を見るととても幸せな気分になりますよね。

いつも目にする指輪の輝きは、女性にとってお守りのような役目も果たしてくれます。だから指輪は、自分のための自己投資にも最適なジュエリーなのです。

結婚指輪をしている人は、ホワイトゴールドやプラチナなど、結婚指輪と同系のものを1点するのが美しいですね。ダイヤモンドのパヴェ（フランス語で「石畳」の意味。小さな宝石を敷き詰めたデザイン）がひとつあるとピアスとコーディネートするともできるので便利です。また、結婚指輪で選んだブランドのデザイン違いをプラスしていくなんていう方法もあります。

自分の軸となるジュエリーは、あくまでもその人自身を表すべきものでなくてはなりません。美しいから、気に入ったからといってあまりに派手なものは要注意です。特に大きな宝石は迫力がありますから、それをつけこなし、自分の軸とするのは、難しいでしょう(男性からすると、魔女のようで怖いと感じることも……すみません)。たとえばエメラルドは近年人気でセレブたちが各方面で取り上げていますが、それは流行にすぎません。自分の軸として選ぶにはハードルがかなり高いと思うのです。

なぜそれを身につけているのかという必然性も大事です。イギリス王室のキャサリン妃がダイアナ妃から受け継いだという由来のあるサファイヤのリングは、彼女の高貴な美しさを引き立て、彼女自身を表すジュエリーのひとつになっています。

なぜそれを選ぶのか、なぜそれを身につけるのか。指輪は自分のためのジュエリーだからこそ考えたい視点です。

あなた自身を表す指輪を探す

BOUCHERON

「ブシュロン」のキャトルリング

細いリングを重ねづけしているように見える「キャトル」は、世界中で人気のコレクション。異なるカッティングが光を乱反射させ、指元に煌めきを生み出します。イエローゴールドやセラミックとの異素材のコンビもあり。18Kホワイトゴールドにダイヤモンドのリング89万円／ブシュロン

BVLGARI

「ブルガリ」のビー・ゼロワン

コラボレーションや異素材ミックスなど、常に革新的なデザインが人気のブルガリを代表する人気コレクション「ビー・ゼロワン」。18Kホワイトゴールドにダイヤモンドがセッティングされた構築的で力強いデザインのリングは、自分軸の中心として表現できます。リング104万円／ブルガリ（ブルガリ ジャパン）

Harry Winston

「ハリー・ウィンストン」のエタニティリング

世界中の女性たちから憧れの的として知られるハリー・ウィンストンの代名詞、プラチナにダイヤモンドがセッティングされたエタニティリング。これこそ最高のタイムレスピース。他のリングと組み合わせても喧嘩せず、エンゲージリングのような存在感を放ちます。リング110万円／ハリー・ウィンストン

Cartier

「カルティエ」のエタニティリング

18Kホワイトゴールドとダイヤモンドでデザインされた花のモチーフを思わせる可憐なエタニティ。繊細なリングは指を華奢に見せてくれるうえに、重ねづけも可能でデイリー使用にはぴったり。女性らしさも演出してくれます。リング40万5000円／カルティエ

女性を美しく見せるオーバルタイプのサングラスこそ、タイムレスなアイテム。ひとつ持っておくと、さまざまなシーンで使えます。サングラス6万5000円／オリバー・ゴールドスミス（ブリンクベース）、タートルネックノースリーブニット4万3000円／ステラK（アイゴールド）、レザーブルゾン17万円／トラデュイール

05 *Eyewear*「アイウエア」

かけたり、はずしたりで……
魅惑のギャップをつくり出せるアイテム

メガネやサングラスを、持っていますか？　**顔の真ん中に装着するものなので、とても目立ち、その人の印象を左右するのがアイウェアです**。

かけたりはずしたりすることによって印象が変わるので、人の視線を引きつけるアイテムです。かけるだけではなく、たまにはヘアバンド風に頭に載せたり、Tシャツの襟元にかけたり、ジャケットの胸ポケットにしまったり、アクセサリーとして使うこともできます。写真を撮られる時に、持っているだけでサマになるのも魅力の一つ。「メガネは顔の一部です」という有名CMのコピーがありましたが、まさにその通り。アイウェアのように顔の真ん中につけるアクセサリーって他にありませんよね。だからこそお洒落の小道具として、もっと積極的に楽しんでほしいと思うのです。

サングラスは実用的でお洒落なものを

今やよく知られていることですが、サングラスはお洒落を楽しむだけのものではなく、目を紫外線から守り保護する機能があります。目にはUVカットのクリームは塗れないのですから、紫外線が多い時期はサングラスをするべきです。

どうせサングラスをするなら、もちろん実用的でお洒落なほうが素敵。ネックレスをつける感覚でコーディネートの一部として取り入れてみてはいかがでしょうか。

女性のサングラスとしておすすめなのは、「レイバン」のウェイファーラー。ウェイファーラーは、世界各国で人気のあるグローバルスタンダードなサングラスといえます。わかりやすくいうなら、世界的定番のスニーカー、「コンバース」のオールスターと同じ存在なのかもしれません。定番中の定番です。

洋服に合わせやすいのは黒。特につや消しのマットがおすすめです。茶も持つべきですが、先にそろえるのはもちろん黒。

日本人は鼻が低いので、とかくサングラスが似合わないといわれます。見かけだけでなく、まつげがグラスに当たったりして不快に感じることも。

そんなときはノーズパッド（鼻に当たる部分）を調整すれば大丈夫。ノーズパッドを一度削って「鼻盛り（ノーズパッドと鼻の間を埋める手法）」をして、サングラスの上部フレームが眉毛を隠すくらいの高さになるようお直ししてください（削らずに装着するだけのシリコンの鼻盛りはバレやすいのでやめましょう)。
たいていのメガネ専門店で、2週間くらいでやってくれます。このちょっとしたことでも、こなれ感が格段に変わるテクニックです。

メガネはギャップを演出する小道具

メガネは顔の印象をガラッと変えるアイテムです。一般的にはまじめで知的なイメージを与えやすいので、ここぞという仕事のときに演出としてかける人もいるかもしれませんね。

最近、若い子たちは伊達メガネの使い方がとても上手で感心します。そう、**目が悪くなくてもメガネをうまく使うことで、かけているときとかけていないときの二つの顔をお洒落に楽しむことができるのです。**

ここからは、男性(僕)にとって女性のメガネについてお話しさせてください。メガネをかけて、バリバリ仕事をしている女性を見ると、「この人メガネをとったらどんな顔になるんだろう」って男性は想像をかきたてられます。そして、「え？　素顔はこんなに綺麗だったんだぁ……」と驚いて、ドキッとする。これぞまさにギャップ上手のメガネ美人。

逆に普段メガネをかけていない人が急に仕事の時にかけると、意外な知的さに、これまたドキッ（笑）。すみません、単純で。というわけで、もしまだ持っていなければ、ぜひ試してみてください（世の男性、少なくとも僕のために）。

メガネのフレームには、大きく分けてメタル（俗にいう銀縁や金縁）とセルの2種類のフレームがあります。**メタルは昔の（本当に実用的な）眼鏡のイメージがあるので、お洒落としてかけるならセルフレームがおすすめです**。

演出の小道具と割り切って、さまざまなフレームを試着してみるのも楽しいですね。ブルーやレッドの透け感のあるセルフレームでイタリアンマダム風、目尻の上がったキャッツアイ風のフレームでデキる秘書風など。黒はただでさえ強い色なので、少し細いフレームがおすすめです。

OLIVER GOLDSMITH

TURNING

OLIVER PEOPLES

Rayban

まずはグローバルスタンダードの定番ものを

「オリバー・ゴールドスミス」のオーバルサングラス

女優オードリー・ヘップバーンが映画『ティファニーで朝食を』でかけていたオーバルタイプ。スタイルを選ばず女性を美しく見せてくれるデザインです。サングラス6万5000円／オリバー・ゴールドスミス（ブリンク ベース）

「オリバーピープルズ」のメガネ

黒のセルフレームは、太いと強い印象に見せてしまうので、女性にはおすすめできません。スクエアがかったオリバーピープルズの細めのセルは、知的さと繊細さを感じさせてくれます。メガネ3万円／オリバーピープルズ（オリバーピープルズ東京ギャラリー）

「ターニング」のメガネ

英国の首相、チャーチルも愛用したメガネとして知られる1777年から続く英国老舗ブランド。女性を知的に見せるのは、ややスクエア型の黒のセルフレーム。メガネ2万円／ターニング（ブリンク ベース）

「レイバン」のサングラス

すべてのサングラスの原型になったともいえる、世界中で愛され続けるウェイファーラーとアビエーター。男性的な印象もありますが、こういうスタンダードなデザインが似合う女性こそ、スタイルを感じさせます。サングラス（上）2万1000円、（下）2万4000円／ともにレイバン（ミラリ ジャパン）

06 Bracelet

「ブレスレット」

動くたびに目立つ手首にこそ上質な輝きを……

自分のスタイルの軸になりつつ、女性らしさを演出してくれるのは、「ティファニー T」のシンプルで美しいタイムレスなデザイン。18K ホワイトゴールドにダイヤモンドがセッティングされたブレスレットなら、スタイルも選びません。ブレスレット 43 万 5000 円、リング 75 万円、ピアス 19 万 8000 円／すべてティファニー（ティファニー・アンド・カンパニー・ジャパン・インク）、ワンピース 5 万円／ヨーコ チャン

バーで女性と二人きりで飲むとき、普通横に座るのであまり顔を見ることができません。そんなとき、ふとうつむくと目に入るのが女性の手首です。シルクカシミアの黒のノースリーブのタートルネックニットに肩掛けした黒のカーディガン。何気なくチラッと見える二の腕から続く、シャンパングラスを持つスッと細い手首……。男は、そこに女性の繊細さを感じたりするのです。そんなときに華奢さをさらに強調するブレスレットがあったら……。ね、完全に男は気絶するわけです（笑）。

女性の身体の優美さを象徴するパーツは、「首」です。首、手首、足首。ここをうまく細く見せると華奢な身体をアピールできるといわれています。中でも**手首の華奢さは男性がいちばんグッとくるポイント**。食事をしているときでも、ついつい目がいってしまう場所なのです。

ブレスレットには、バングルとブレスレットの2種類があります。バングルは、手首にはめるよう丸い形状になっているもの。素材はべっ甲やレザー、金属製などです。ブレスレットは、チェーンやコードなどで、ゆらゆらとした動きのあるもの。

大切なのは シンプルで上質なこと

TOD'S

「トッズ」のレザーブレスレット

ベーシックな装いに、ブレスレットやバングルを重ねてアクセントをつけるイタリア人たちに人気なのが、トッズの２重巻きレザーブレスレット。会長兼 CEO であるディエゴ・デッラ・ヴァッレさんも複数着けているメンズの「マイカラーズ」を女性がゆるく着けているのも素敵。ブレスレット各２万 9000 円／ともにトッズ（トッズ・ジャパン）

TIFFANY&Co.

「ティファニー T」のブレスレット

タイムレスで比類なき美しさを誇るブランド、ティファニーの中でも人気のシリーズ。18K ホワイトゴールドの一番細く繊細なブレスレットに施されたダイヤモンドが、手を動かすたびにキラリと輝いて美しさをアピールします。ブレスレット 43 万 5000 円／ティファニー（ティファニー・アンド・カンパニー・ジャパン・インク）

Cartier

「カルティエ」のジュスト アン クル

一本の釘から着想を得て誕生したカルティエの人気コレクションのブレスレット。主張あるデザインですが、シンプルなワントーンのコーディネートなどのときにラグジュアリーなアクセントを加えてくれます。ブレスレット 78 万 5000 円／カルティエ

HERMES

「エルメス」のレザーブレスレット

最高品質のレザーを使い、シンプルで美しい製品を作り続けるエルメス。ブレスレットは、半袖やノースリーブなど袖が短いトップスのときは太めのものを。長袖のトップスのときは細い一本を。スタイルを選ばず、洗練されたスタイリッシュな腕元に。ブレスレット／ともにエルメス（私物）

すべてのアクセサリーに共通することですが、**長く愛用したいなら、シンプルなデザインを選ぶこと**。1本目にはぜひダイヤモンドが美しく見えるホワイトゴールドやプラチナを。「ティファニー」のTブレスレットや「カルティエ」のジュスト アンクルなど、存在感はありつつスタイルの邪魔をしないものがセレクトのポイントです。

また、自分の腕の長さや太さなどを知ったうえで選ぶことも大切です。

骨格のしっかりした西洋人的体型で大柄な人は、幅のあるバングルや何連も重ねてブレスレットをつけるのがおすすめ。僕の大好きなイタリア人女性たちも、肘から手首がとても長いので、そんなスタイルが似合います。

骨が細く小柄、平均的な日本人体型を自覚する人は、あまり大振りでないほうがおすすめ。ダイヤモンドが少し入った繊細なデザインや重ねづけもできるような細いものが似合うでしょう。

07

洋服を脱いだときに、最後に自分を美しく見せてくれるのは下着。おすすめは、身体のラインを美しく見せるカッティングが綺麗な黒の下着です。モールドパデッドブラ２万円、タンガ１万1000円／ともにオーバドゥ

Underwear

「インナーウェア」

「魅力的な女性」は
見えない洋服の下から美しい

インナーウェア、いわゆる下着には、二つの役割があります。一つは、洋服を着たときに身体を美しく見せること。もう一つは、洋服を脱いだときに身体を美しく見せることです。

洋服を着たときのためには、下着のラインが洋服の上から見えないというのは最低条件です。リボンやフリルがゴテゴテとついていないほうがいいでしょう。パーフェクトな体型の人なんていないのですから、体型に自信がない人は補正してもいいと思います。ただ、あまりにも機能的すぎたり、地味な下着だとガッカリしてしまうのが、男というもの（勝手なことばかり言ってすみません……）。

ここからは僕の理想と妄想を語るようになってしまいますが、下着というのは脱がせてみないとわからない部分ではあるけれど、だからこそドキッとさせてほしいのです。とはいえ、派手なものや際どいカッティングのものをと言っているわけではありません。

色使いは単色で、派手すぎないもの。レースは控えめで、その人の身体のラインを美しくセクシーに見せる黒がいちばんいいと思います。個人的には赤も好きです(笑)。僕の見聞きする範囲だと、男性に評判がよくないのが、派手なフリル、パールやゴテゴテしたリボンなどのいわゆる「カワイイ系」。若いうちはいいかもしれませんが、大人の女性にはふさわしくありません。

意外かもしれませんが、ヒョウ柄もワイルドすぎて僕は引いてしまいます（愛用している方すみません……）。

もし少しでも男性の目を意識してくれるなら、僕が紹介する他のアイテムと同じように「普通」がいちばんだと思います。美しく上質でベーシック、コンサバティブなデザインのものが大人の女性が身につけるべき下着です。

もうひとつ妄想をリクエストさせてもらえるなら、**デートなどの予定のないときも素敵な下着を身につけていてほしいということ**。突然ベッドインすることになったとしても、いつでも素敵な下着をつけている人というのは、自信と色気が自然に醸し出されるものだからです。

美しい下着は自信の源

Chantal Thomass

Hanro

Aubade

Wacoal

「シャンタル トーマス」のブラ&ショーツ

水玉のレースにピンクのラインが大人の女性のかわいさを感じられるシリーズ。ぴったりとしたタイトスカートやパンツにはショーツのラインが気にならないようTバックをチョイスして。ワイヤーブラ1万6000円、タンガ8500円/ともにシャンタル トーマス

「オーバドゥ」のブラ&ショーツ

レースが豪華で女性なら一度は手にしたい憧れの品。ハーフカップがふわりとソフトな胸元に仕上げてくれます。カッティングが美しく黒でもリボンが少しフェミニンさをアピール。ハーフカップブラ1万8000円、タンガ1万1000円/ともにオーバドゥ

「ハンロ」のカップ付きキャミソール

上質なハイゲージのニットやTシャツを着る際に気をつけたいのが下着の素材やライン。滑らかな素材のものなら「下着のひびき」が出ないのでおすすめ。カップ付きなら締めつけも少ないので楽です。カップ付きキャミソール1万8000円/ハンロ(ワコール)

「ワコール」の谷間メイクブラジャー

胸の寄せ上げ効果が絶大で上品な谷間のキープ力が高いブラジャー。中央にリボンをあしらった構造でキープするので、シャツを着たときに綺麗な胸元に。白シャツなど透け素材にはベージュを。リボンブラジャー7000円、ショーツ3000円/ともにパルファージュ(ワコール)

{01}

映画『プリティ・ウーマン』に学ぶ 露出とセクシーの関係

男性なら誰しも女性のセクシーな姿が好きなものです。それは男としての動物的本能として当然のこと。でも、だからといって、あからさまに女性が街中で肌を多く露出するのを好んでいるわけではありません。

女性としての性をひけらかすのは上品ではないと思うのです。露出を増やすと自然とその女性が安く見えてしまうからです。

映画『プリティ・ウーマン』（１９９０年・アメリカ）で、コールガール役で登場したジュリア・ロバーツの最初のスタイルはまさにそれ。金髪のウィッグに、派手な化粧、超ミニスカートに、デコルテ部分とお腹の部分が大きく広く開いたタンクトップ、ニーハイブーツ……。

自分の性をあからさまに売り物にする人を、男性は自分の大切な人にしようとは思いません。自分の好きな人が誰にでも肌を見せていると思うと、不安になるからです。

たとえば、上品な黒いタートルネックニットにデニム、耳には一粒ダイヤモンドのピアス。逆にこのほうが、この人はどういう人なんだろう？というイマジネーションを働かせることになり、そんな人がふと見せるしぐさや肌に色気を感じます。

常識のある男性は、女性に対して過度な露出なんて求めていません。露出を控え、想像させるようなスタイルをする女性が素敵だと感じるのです。

最後に、尊敬する女性のとても気に入っている言葉があるのでご紹介します。

私はセックスをひけらかすようなファッションや、あからさまなメイク、着こなしは好きではありません。多少の想像力を働かせるような控えめな方を好みます
――グレース・ケリー

Chapter 2 *Timeless wardrobe*

「上質でベーシックだからずっと使える 究極のタイムレスワードローブ」

「タイムレスワードローブは シンプル、上質、無地単色」

タイムレスワードローブとは、時代が変わってもずっと使い続けられる、究極の定番のことです。**上質素材にこだわり、カタチはシンプル。だから、10年先も20年先もずっと着られるのです**。

僕は、自他ともに認める「素材フェチ」。**なぜなら、上質な素材（着心地のいい素材）の洋服を着ている人は、その肌触りから、表情まで魅力的になるからです**。逆に、粗悪な素材を着てチクチクしていたらイガイガした表情に。洋服の素材がその人の気分として、相手にも伝わるのです。

色はできるだけ少なく、柄は避けるのがおすすめです。派手な色や多色使い、柄入りは、服が目立ちすぎて、肝心の顔やその人そのものがぼやけてしまうからです。カラフルよりベーシックな単色、柄よりも無地、ジュエリーは控えめ。そうすると、その人自身、そして素材に目が行くようになるのです。シンプルであればあるほど、その人自身と素材が問われます。

ワードローブの基本となる「干場4色」は、黒、白、ネイビー、グレー。まずはこれらの基本色でワードローブをそろえてから、自分の好きな色や季節の色を追加していってみましょう。

ファッションは「美味しいおでん」に置き換えて考える！

もう一つ、僕が最近気に入っているお洒落についての考え方があります。それは、お洒落を「美味しいおでん」に置き換えて考えること。

まず、「美味しいおでん」のために大切なのは、なんといっても出汁。ベースである、昆布でとった出汁が美味しくなければ「美味しいおでん」は完成しません。たとえるなら、それは洋服を着る前の状態、そう中身です。中身が健康的で美しいことが、まずはベースになるのです（これは3章で詳しくご説明します）。

続いて「美味しいおでん」になくてはならない代表的な具材といえば、大根、卵、ちくわ、こんにゃく、はんぺん、しらたき、じゃがいも……。それぞれ、味がよく染みわたるように隠し包丁を入れていたり、面取りなどの細やかな仕事がしてあると、さらにいいですね。

ファッションに置き換えると、上質な仕立てのネイビージャケット、美しいシルエットのグレーパンツ、体型にあった白シャツや黒のタイトスカート、白シャツ、そして上質なカシミア素材の黒のニット……。いってみれば、欠かすことのできないベーシックアイテムです（本章でご紹介します）。

シンプルで間違いなく「美味しいおでん」ができたなら、おでんを入れる鍋や器も大切です。ファッションでたとえるなら、「エルメス」のバッグや、「パテック・フィリップ」の腕時計、「ハリー・ウィンストン」のダイヤモンド一粒ピアス……。いってみれば、ベーシックな洋服を纏った自分を、さらに美しく格上げしてくれるラグジュアリーアイテムです。美味しいおでんを安くも高くも見せる器にも、お金をかけるべきだからです。

最後に、「美味しいおでん」をさらに美味しくさせるのは、和からしや山椒といったスパイス。ファッションで例えるなら、ピリリとスタイルを引き締めるサングラスやベルトといった小道具です。このあたりは、1章でもお話ししていることです。

難しいとされるファッションも「美味しいおでん」に置き換えて考えるとわかりやすいのです。初めておでんをつくるとき、いきなり「あえてのハズシのアイテム」なんて、なかなか使わないですよね。ファッション用語でいうハズシは、実はハズレていることだって多いのです。ジャンルが違う具材を入れすぎると違う料理になってしまうので、それも要注意。

まずはバランスのよい「美味しいおでん」がつくれるように努力すること。それができてはじめて、少しづつ個性を出していけばいいのです。ちょっと変わった具材、たとえばトマトを入れるなんていうのは、ファッションでいえば、流行のトレンドアイテムを取り入れるようなものかもしれません。

女性を美しく見せるアイテムの筆頭は、なんといっても上質な素材でシンプルな黒のワンピースです。ワンピース5万円／ヨーコ チャン、バッグ18万円／ヴァレクストラ（ヴァレクストラ・ジャパン）、靴8万1000円／クリスチャン ルブタン（クリスチャン ルブタン ジャパン）、腕時計（私物）

01

Dress「ワンピース」

一枚で決まる、女度アップの最強アイテム

年齢も体型も問わず女性を美しく見せてくれるアイテムといえばワンピース。**さらりと一枚着るだけで、仕草まで女性らしく綺麗に見せてくれる女度アップの最強アイテムです**。

普段、男性的な装いの女性が、パーティのときに突然ワンピースを着てきたら……。男たちが急に色めき立つほど、その効果は絶大。

本来コーディネートは、アイテムの数が増えれば増えるほど組み合わせが難しくなり、センスが問われます。でも、ワンピースは読んで字の如く、一枚で完結するのでよいものを選べば、誰でも簡単に素敵に見える便利なアイテムです。たとえていうなら、素敵なワイングラス。そこそこの赤ワインだったとしても、素敵なワイングラスに注げば美味しく感じるし、上等の赤ワインならさらに美味しく感じます。ワンピースは、男性におけるスーツと同じようなものなのです。

とはいえ一枚でシンプルな分、小細工が利かないので、その人の素材そのものが目立つアイテムでもあります。本当にワンピースが似合う女性を目指すなら、体型や髪形、メイクに気を遣うのはもちろん、日頃から歩き方や仕草も意識して美しく振る舞うことが大切です。

誰でも美しく上品に見せるワンピースとは？

最初に選びたいのは、黒のシンプルなノースリーブのワンピース。素材は、シワになりにくいストレッチの効いた上質なウールがおすすめです。

襟のカタチは、ラウンドネックやボートネック。ボートネックはギリギリ鎖骨が見える程度のカットラインが控えめな中に美しさを感じさせてくれます。

年齢を重ねると二の腕を出すノースリーブを嫌がる方も多いですが、潔く出してしまうのがおすすめ。すべて出すのに抵抗がある方なら、同色のカーディガンを肩掛けにして二の腕はチラ見せにしましょう。実は、このチラリズムのニュアンスこそが男性にとって意外と大事。二の腕が見え隠れするのが、程よい色気につながり、男は女性を意識するのです。

ウエスト周りは、フィットしているとコンシャスな印象になるので、お腹まわりが気になる方は少しゆとりがあるコクーンシルエットを選ぶといいでしょう。エレガントさを残しながらも安心して着用できますし、着やせして見せる効果もあります。

ワンピースの着丈は、身長やハイヒールの高さにもよりますが、ベストは膝が半分隠れる程度。年齢を重ねると膝上の部分にたるんだシワが出てくるので、隠したほうが美しく見せてくれます。

人それぞれ体型や身長が違うので、ベストな着丈になるように、購入時にお直しするのがおすすめです。長すぎてもオバさんくさく見えたり、短すぎても若づくりに見えたりするので、面倒臭がらずに調整することが重要です。

また、裾の後ろのスリットは深くても裾から15センチくらいのものがいいでしょう。前や横にスリットが入る場合は、着席したときに肌が見えすぎないように足さばきに注意が必要です。その気もないのにセクシーアピールしていると思われては心外でしょうから。

すべてのワードローブに共通することですが、肌見せは少しなら効果的ですが、露出が多すぎると女性としてではなく「性」だけが際立ってしまい、損な見え方になるので気をつけましょう。あくまでも上品にするのが大人の女性の色気を引き立てるのですから。


選ぶ色は、黒、グレー、ネイビーの定番色を。いずれも無地でそろえると、さまざまなシーンで使えます。色や柄、デザインもさまざまなワンピースがありますが、やはり中身を際立たせるのは、シンプルなデザインの定番色。

「そのワンピース素敵ですね」と洋服を誉められるより、「○○さん素敵ですね」と中身まで含めての全体を誉められるようになることこそ、大人の女性の本質的なお洒落なのですから。

まずは黒のシンプルなノースリーブワンピースを

「ヨーコ チャン」のワンピース

デコルテを美しく見せてくれる深めのクルーネックが特徴のワンピース。薄手の素材は、オールシーズン使えて重宝します。ジャケットのインナーとしても最適。ワンピース 4 万 7000 円／ヨーコ チャン

「アドーア」のレース切替えワンピース

淑女のイメージがあるアドーアのワンピース。ネイビー地に切り替えのレースが、清楚で上品なイメージを演出してくれます。少し透け感のある膝下もポイント。ワンピース＜六本木ヒルズ店限定>6 万 8000 円／アドーア（アドーア六本木ヒルズ店）

「ステラ K」のコクーン型ワンピース

船旅に似合うがコンセプトのステラ K のワンピース。ストレッチが効いていてシワになりくい素材なので出張や旅行に重宝します。着丈がやや短めでコクーンシルエットなので、お腹周りを気にする女性にも嬉しい。ワンピース 6 万 5000 円／ステラ K（アイゴールド）

クルマから降りる何気ない瞬間こそ、女性の美しさの見せ所。靴8万1000円／クリスチャン ルブタン（クリスチャン ルブタン ジャパン）、レザーブルゾン17万円／トラデュイール、タートルネックノースリーブニット4万3000円／ステラK（アイゴールド）、スカート2万4000円／ダブルビー、ピアス、リング（ともに私物）

02

靴が決まってこそ大人の女性のお洒落 Shoes「靴」

「お洒落は足元から」という言葉がある通り、靴は装いの中で特別なものです。

今、はやりのプチプラといわれる洋服を着ていても、靴だけは手を抜かないというお洒落な女性も多く見受けられます。なぜでしょう?

それは、靴でその人の生活が見えてしまうからなのです。いくら高価なバッグを持ち美しく着飾っても、靴が素敵でなければすべて台無し。「ハズし」ではなく、単にバランスが悪く見えてしまうのです。

では流行の靴を履けばいいのかというと、そういうことでもありません。


主張しすぎずに、装いにマッチしながらも、高級感のある素材、美しいシルエット、そしてきちんと手入れがなされていることが重要です。素敵な靴を履けば、きっと靴が素敵な場所に連れていってくれるはず。

では、まずそろえるべき4アイテムをご紹介しましょう。

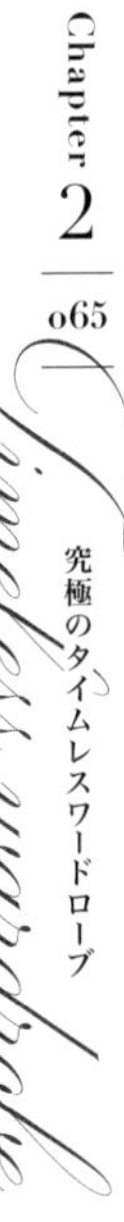

女性を最大限に美しく見せるのは、黒のハイヒール

女性を美しく見せるアイテムの代表格といえば、なんといってもハイヒール。実は男は誰でも女性のハイヒール姿に憧れを抱いているものなのです。自分（男性）が履かないということもありますが、脚をスラッと細く見せたり、スタイルをよく見せるハイヒールに女性ならではのセクシーさや繊細さを感じるのです。

でも実はこのハイヒール、中世の時代は意外にも男女問わずはかれていました。フランスのルイ14世は背を高く見せるために愛用していたともいわれています。

しかし、18世紀後半からナポレオン戦争が始まり、男性たちが戦場を駆け回るようになり機能的な靴を選ぶようになると、ハイヒールは女性の履物と見なされるようになっていきました。城の床や道も凹凸で、今のように舗装されていなかったため、ひとりで歩けなかった女性たちを男性が支えたともいわれています。

起源は諸説ありますが、長い歴史の中で男女を魅了し続けたハイヒールには、独特の魅力があるのです。

そんな**ハイヒールの基本はやはり黒のピンヒール。女性なら誰でも一足は持っていてほしいアイテムです**。

素材は、エナメル（パテント）かスウェードがいいでしょう。カーフレザー（牛革）は普通すぎて、ともすれば冠婚葬祭用に見えてしまうのであまりおすすめしません。

トゥ（つま先）の形は、エッグトゥはよりコンサバに、ポインテッドトゥは少しクールに見え、どちらもトレンドに左右されず長く使用することができます。丸すぎるトゥは、幼く見えてしまうこともあるので、はずすのがベター。ポインテッドトゥは先が細すぎると魔女のように見えるのでほどほどにしましょう。

注意して選びたいのが、実は履き口。指の股が少し見える程度の浅めのカッティングを選ぶと女性らしく華奢さも見せられてセクシーです。

ヒールの高さは5~9センチ程度が歩きやすく疲れにくいのでおすすめです。高すぎるヒールは、モデルのように綺麗に颯爽と歩けないと、逆にみっともないものです。

冬用の厚地のタイツに細いヒールを合わせるとバランスが悪いので、そんなときは少し太めのヒールを選ぶといいでしょう。

乗馬ブーツはエレガントで普遍的

近年、アンクルブーツが人気を博していますが、どうしても幼稚園児が履くような長靴に見えてしまうのは僕だけでしょうか（笑）？　エレガントだとは感じられないうえに、パンツとのバランスをとりにくく、実は履きこなすのが難しいアイテムだと思うのです。

それに引き換え、乗馬ブーツはいつ見ても普遍的でエレガントな美しさを持っています。そもそも乗馬ブーツは、軍隊が戦場を駆け回った時代に、茂みの中を動きまわる軍人の足を保護するためにつくられました。軍人たちだけでなく、貴族たちも乗馬をするようになっていったので普及したといわれています。

欧米の社交場とされる競馬の騎手やポロ競技の選手たちが履く乗馬ブーツに、上品さだけでなく凛々しさが感じられるのは、そうした名残が感じられるからなのかもしれません。

そんな乗馬ブーツは、5〜6センチのヒールで細筒、ふくらはぎから足首にかけて美しいラインがきちんと出るものがベストといわれています。乗馬スタイルを意識して、デニムをインして履いたり、ロングスカートに合わせたりするとこなれた印象に。黒一色、あるいは黒×茶のバイカラーもありますが、色のコントラストが少ないほうがスタイルに溶け込み、合わせやすく使いやすいでしょう。

ブーツの筒が細いものにはジップがついていますが、エレガントに見せてくれるのはサイドではなくバックジップ。フランスのシューズブランド「サルトル」でも定番化されていて、いつの時代でも飽きがこない一足です。

休日はフラットシューズでリラックス

平日に仕事でハイヒールを履くなら、休日は休足も兼ねてフラットシューズを履きたいもの。

普段、ハイヒールを履いている女性が、休日にデニム姿でフラットシューズを履いていたりするのを見ると、ちょっと嬉しい気持ちになります。いわゆるギャップに魅

しいアイテムの一つです。

了されるというヤツですね。ですので、靴のバリエーションとしてぜひ持っていて欲しいアイテムの一つです。

ドライブへ行くならドライビングシューズ。ショッピングに行くならバレエシューズなどがいいでしょう。ドライビングシューズなら「トッズ」。バレエシューズといえば、「シャネル」のバレリーナが有名ですね。これらは、どちらも傑作です。品格と色気を兼ね備えたこの美しさは、何十年経っても女性の心をつかんで離すことがありません。ぜひそろえておきたい一足です。

スニーカーなら「コンバース」のオールスターや「アディダス」のスタンスミスなどがおすすめです。

実は数年前まで、ラグジュアリーなスタイルにスニーカーという組み合わせをする人はあまりいませんでした。でも、今やすっかり定着し、市民権を得るように。それは本来ヒールを合わせるスタイルにあえてスニーカーを用いることで、こなれて見える「ギャップの法則」が成立するからです。

ちなみにスニーカースタイルを綺麗に見せるなら、アクティブなランニング系でもテニスシューズ系でも、単色の白や黒を選ぶこと。カラフルでスポーティすぎたり、カジュアルすぎると、全身がいきなり安っぽいコーディネートに見えてしまうので注意が必要です。

少し日焼けした素足にサンダルがセクシー

初夏になったら、サンダルで足元の露出を多めにすると装いがグンと涼しい印象になります。**サンダルは、パンプスと違って、ヌーディなものを選ぶといいでしょう**。フラットサンダルなら、トングで親指ホルダーストラップが付いているようなものがエレガントです。

サンダルは、ボトムスとの相性も大切です。脚を長く見せるようにするなら、細めのテーパードパンツにはヒールがある華奢なもの、タイトスカートならバックストラップがベストバランスで、品良くまとまります。

少し焼けた素足にヒールのあるサンダル姿は健康的かつセクシーな印象です。が、サンダルにストッキングは絶対NG。サンダルからはみ出したストッキングが、なんともだらしない印象に映ります。恐怖の〝おばサンダル女〟にならないよう、ストッキングやタイツに合わせるのは、必ずつま先の開いていないパンプスにしましょう。

素足の時は、できればお肌のお手入れもしておきたいもの。健康的でつやつやとした脚なら、素敵なスカート姿がさらに素敵になります。バックストラップタイプのハイヒールの場合は、カカトもつるつる、すべすべに。また、サンダルを履くときは足の爪も素敵なペティキュアがしてあると完ぺきですね。

忙しいとなかなか手が回りませんが、そこまで気を配れる人は大人の女性の余裕と自信を感じさせることができます。そう、美しさは細部に宿るのです。

Christian Louboutin

「クリスチャン ルブタン」のパテントパンプス

歩くたびにチラッと見える赤いソールが、男性の心もワシづかみにする「クリスチャン ルブタン」。7cm ヒールのラウンドトゥ、パテント素材ならフォーマルなシーンにも似合います。パンプス 8 万 1000 円／クリスチャン ルブタン（クリスチャン ルブタン ジャパン）

TOD'S

「トッズ」のドライビングシューズ

上質なイタリアのライフスタイルを象徴する靴といえば、ドット状のペブルソールが付く「トッズ」のゴンミーニ。ドライブやショッピングなど長時間歩くときに便利。黒のスウェードローファーは穿きやすく、シックな印象に。靴 5 万 1000 円／トッズ（トッズ・ジャパン）

SARTORE

「サルトル」の乗馬ブーツ

女性を美しく見せてくれる乗馬ブーツといえば仏の老舗ブランド「サルトル」。普遍的なエッグトゥ、ふくらはぎからヒールにかけての美しいライン、はきやすい 6cm ヒールは永遠の定番。パンツはもちろんロングスカートにも合います。ブーツ 10 万 5000 円／サルトル（伊勢丹新宿店）

上質な素材と美しいシルエットが基本

「ジミー チュウ」のストラップサンダル

華奢なヒールに、細いアンクルストラップが女性らしい印象のネイビースウェードサンダル。肌の見える面積が大きいので、季節が暖かくなる初夏のシーズンにピッタリの 1 足。サンダル 8 万 2000 円／ジミー チュウ

「マノロ ブラニク」のスウェードパンプス

脚を美しく見せ、かつ履きやすいと世界中の女性たちから支持される「マノロ ブラニク」。シャープなポインテッドトゥで、黒いスウェード素材の 7cm ヒールは必ず持っていたいアイテム。パンプス 9 万 2000 円／マノロ ブラニク（ブルーベル・ジャパン）

JIMMY CHOO

Manolo Blahnik

Vネックのシルクカシミアニット8万5000円／クルチアーニ（クルチアーニ 銀座店）、パンツ3万3000円／インコテックス（スローウエアジャパン）、7mm珠のパールネックレス26万円／日本橋三越本店6階 宝石サロン（日本橋三越本店）、腕時計（私物）

03

Knit sweater「ニット」

上質な素材で最高の着心地のものを

長年ファッションに携わる仕事をしてきて感じるのは、「素材」の大切さです。今やすっかり「素材フェチ」になった僕ですが、直接肌に触れることの多いニットの素材には特にこだわりがあります。

というのも、ニットは、その人を映し出す鏡みたいなものだからです。見た目ではさほどわからないかもしれませんが、その素材の良し悪しで、その人の美意識の高さがわかってしまいます。素敵な大人の女性にふさわしいのは、肌触りのよい上質な素材のニットなのです。

「素材フェチ」が選ぶ最高のニットとは？

糸の種類は、コットンやシルク、ウール、カシミヤなど、いろいろとありますが、**おすすめしたいのはカシミヤやシルク混のハイゲージニット**。カシミヤは誰もが知る高級素材ですが、シルクが少しブレンドされることで糸に強さや光沢が出るので、日常使いには最適です。

さらっと一枚で着るなら、まずはボディラインを美しく見せてくれ、自分の体型に合ったシルク×カシミヤ、通称〝シルカシ〟といわれるハイゲージニットを選んでみてはいかがでしょう。春、秋、冬、初夏の3シーズン半も使用できます。

ざっくりしたローゲージのニットが悪いわけではないのですが、着られる季節が冬だけに限定されたり、子どもっぽく見えたりするので、個人的にはハイゲージのものに一票です。

綺麗な色にも心惹かれますが、色が目立ちすぎると、肝心のあなた自身が引き立たなくなるので、**やはりおすすめはベーシックカラーの黒やグレー、ネイビーです**。

形は、タートルネックのノースリーブニットと長袖カーディガンがセットになったアンサンブル、タートルネック、Vネック、クルーネックの4タイプ。いずれも、アームホールが小さめで、フィットしているものがベストです。

ブランドでいえば、「エルメス」や「プラダ」、「クルチアーニ」「ジョン スメドレー」などには、時代に関係なくベーシックなデザインのニットがそろっていますし、最近ではセレクトショップや百貨店のオリジナルのニットにもコストパフォーマンスがよいものがいっぱいありますので、探してみてはいかがでしょう。

ということで、ここからはおすすめの4タイプのニットの選び方についてレクチャーしていきます。

ノースリーブのアンサンブルは男殺しの最強アイテム

ニットの中で、まずそろえていただきたいのがアンサンブル。いわゆるカーディガンとインナーのニットがセットになったタイプです。これこそ、女性を美しく見せるニットの代表格。

個人的なおすすめは、なんといってもハイゲージのシルクカシミヤ素材を使った黒のタートルネックのノースリーブのニットと長袖カーディガンのセットです。これぞ、男殺しのモテアイテム。首は慎み深く隠しているのに腕は全部出しているなんて、嫌いな男性はいないんじゃないでしょうか（笑）。

シルクカシミヤ素材のハイゲージのアンサンブルがあれば、一枚で着られるのはもちろん、カーディガンを肩掛けにして二の腕をチラ見せしたり、腰に巻いたり、ストールのようにしたりと、いろいろなアレンジが楽しめます。カーディガン単体で、ボタンを一つか二つはずして、さらっと素肌に着るなんていうのも素敵ですね。

色は、鉄板の黒、グレー、ネイビーがあれば、あとは必要ないでしょう。インナーのニットは、イチオシのノースリーブのタートルの他にもノースリーブのクルー、半袖のクルーなどいろいろあるので、自分に似合うものを選びましょう。

デコルテを美しく見せるVネックニット

女性のデコルテと丸みのあるバストを美しく見せてくれるVネックニットも、一枚は持っておきたいアイテムです。

素材は、どのニットでも同じ。年間で使用できるシルクカシミヤ素材のハイゲージがあればベストでしょう。色も、やはり鉄板の黒、グレー、ネイビーがあれば、あとは必要なし。

気をつけたいのはVネックの開き加減。同じVネックでも、深いものと浅いもの、横開きと縦開きのものとでは、露出度が変わり、だらしなく見えたり、また顔が大きく見えてしまうものもあります。

自分の顔をいちばん美しく見せるVネックの開き加減を探すことが、なんといっても肝心です。そのためには、いろいろなものを試着してみること。

Vネックが深く開きすぎていると、正直男性は目のやり場に困りますし、知性のある女性の装いとはいえません。上品に美しく見せるなら、胸の谷間が見えない程度で、縦長のVネックがおすすめです。

素肌に着るのをマスターしたら、上質な白シャツの上に重ね着して、きちんと感を出して着るなんていうのも新鮮ですよ。

とにかく便利なタートルネック

ハイゲージのタートルネックのニットも、女性を美しく見せてくれるアイテムの代表格。黒いタートルネックのニットを着たマリリン・モンローの写真があまりに有名ですが、あれこそ象徴的。セクシーな女優であるモンローが肌を露出せずに、あえて

黒いタートルネックを着たことによって、その魅力がより引き立てられたのです。

タートルネックのニットは、とにかく便利なアイテムです。**ビジネスにもカジュアルにも使えるし、肌寒い時期には防寒にもなります。さらに首のエイジングが気になる年代の女性には、自然にカバーするアイテムとしても活用できます。**

色や素材は、前述までのニットと同じ基準で考えてください。

形は、ボディに程よくフィットすること。そして難しいのはなんといってもネックの折り返しの長さです。首の長さや太さは十人十色。一人ひとり違いますので、自分の顔をいちばん美しく見せるタートルネックの長さを探すことが肝心です。

ベストはオーダーメイド。なかなかニットをオーダーできるお店はありませんが、もしお金に余裕があったり、オーダーできるお店を見つけたらトライしてみてください。既製品なら、P76で触れたニットのブランド群なら、ベーシックなよいものがそろっています。

クルーネックは究極のベーシック

ニットの中でいちばんベーシックなのがクルーネック。そう丸首です。**「シンプルだからつまらない」と思われがちですが、このシンプルなクルーネックのニットこそ素敵に着られたら最高のお洒落上級者**。シンプルゆえに、着ている本人の中身が問われるアイテムです。

世界を代表するデザイナー、ジョルジオ・アルマーニさんも、ニットにしてもTシャツにしてもほとんどクルーネックしか着ていなかったはずです。それも、シルクやカシミヤといった最高級の素材で、色は黒かネイビーのみ。これぞ極み。

自分に自信があり、中身が美しい女性こそ、このクルーネックのニットにトライしてほしいのです。

こちらも、色や素材は、前述までのニットと同じ基準で考えてくださいね。襟元は詰まりすぎず、緩すぎず、鎖骨の前中心が見え隠れする程度の開きがベストラインです。クルーネックのニットは、小手先の流行なんかでは太刀打ちできない本当の美しさを醸し出すことができるアイテムなのです。

「ル ヴェルソーノアール」
のクルーネックニット

ベーシックなアイテムに定評がある「ラ・フォンタナ・マジョーレ」の定番といえば、毎シーズン登場するウール素材のクルーネックニット。ハイゲージは一枚あると重宝します。ニット3万7000円／ル ヴェルソーノアール（ラ・フォンタナ・マジョーレ 丸の内店）

Le Verseaunoir

肌触りのよさが着る人を引き立てる

Cruciani

「クルチアーニ」の
ノースリーブタートルネックニット

イタリアを代表する「クルチアーニ」の定番と言えば、“シルカシ”と言われるシルク30%カシミヤ70%素材のニット。中でもいちばんのおすすめは、女性を美しく見せてくれるノースリーブのタートルネック。マストハブです！！　ニット6万9000円／クルチアーニ（クルチアーニ 銀座店）

「セオリー リュクス」の タートルネックニット

上質な素材のシンプルなアイテムが多いことで都会派の女性に人気の「セオリーリュクス」。ハイゲージのネイビーのタートルネックニットも、一枚は持っていたいアイテムです。ニット２万4000円／セオリーリュクス（リンク・セオリー・ジャパン）

Theory luxe

SLOANE

「スローン」の タンクニット＆カーディガン

スローンの代名詞といえば、シルク素材。光沢を抑えた滑らかな最高級のトップ染めシルクは、肌触りがよく重宝します。オススメは、クルーネックとのアンサンブルのニット。ニット２万1000円、カーディガン３万1000円／ともにスローン

「トラデュイール」の Vネックニット

世界に３台しかない編み機を使ってつくり上げられた、非常にしなやかで柔らかい着心地の超ハイゲージ極細ウール素材のニット。少し深めのVネックなので、インナーには重ね着を。淡いグレーが、なんとも美しい。ニット５万2000円／トラデュイール

（上）スカート３万円／モガ、カーディガン／３万3000円／ジョン スメドレー（リーミルズ エージェンシー）、靴８万1000円／クリスチャン ルブタン（クリスチャン ルブタン ジャパン）、ブレスレット／私物
（中）パンツ３万2000円／インコテックス（伊勢丹新宿店）、カーディガン３万3000円／ジョン スメドレー（リーミルズ エージェンシー）、靴（私物）
（下）ミモレ丈フレアスカート３万4000円／セオリーリュクス（リンク・セオリー・ジャパン）、カーディガン３万3000円／ジョン スメドレー（リーミルズ エージェンシー）、靴７万4000円／ジミー チュウ

04

Bottoms「ボトムス」

自分の身体に合う形、サイズがすべて

男性と女性の洋服で、明らかに違うのがボトムスの種類。長短はあれどパンツのみの男性に対し、女性はパンツやスカートなど種類もデザインも豊富で、着丈もいろいろあります。

さらに、男性に比べ女性の下半身は立体的なので、ヒップや太ももの形も人それぞれ異なります。大きく分ければ、欧米人の立体的な「樽胴＋細手足タイプ」と、日本人の平面的な「洋梨胴＋足太タイプ」の二つ。

まずは、自分がどちらの体型であるかを見極めることが大切です。そして、**ボトムスを選ぶときは、ブランドで決めるのではなく、徹底的に試着して、自分に最適なパターンやサイズを選ぶこと**。これが、ボトムス選びの基本です。

ということでここからは、魅力的な女性になるために必要なボトムスをご紹介していきます。タイトスカート、フレアスカート、パンツ、デニムの4種類です。

知的な色気を演出するタイトスカート

まずは王道のタイトスカート。これぞ女性を美しく見せるボトムスの代表格です。

最近、仕事着でしかタイトスカートをはかないという残念な話も聞きますが、大人の女性にはもっと普段から着てほしいアイテムです。なぜなら、**女性らしい腰回りが引き立ち、知的な色気を感じさせる大人の女性ならではのアイテムだからです**。

素材は、ストレッチ入りのものがはき心地よく、足さばきも楽なのでおすすめ。春夏用、秋冬用の2種類の素材があるといいですね。形は、ヒップや太ももがフィットし、ヒップから裾に向かって細くなっていくようなシルエットが美しく見えるのでおすすめです。

最も大切なことは、スカートの丈の長さ。スカートの丈の長さは、流行によって変わるという見方もありますが、まずは自分に似合う長さを見つけること。自分の脚の長さやシルエット、太ももからふくらはぎ、足首にかけての太さも、スカートの丈の長さに関係します。膝のお皿の大きさも重要です。膝のお皿が大きい方は、膝が少し隠れる長さに。膝のお皿が小さい方は、少しぐらい見えても大丈夫です。

また、年齢を重ねると、どうしても太ももの筋肉が落ちるので膝上にシワが出ます。

そういう部分が隠れるような長さにするのも美しく見せるポイント。

足さばきやセクシーさを考えると、バックスリットが入っているものもいいですね。個人差もありますが、上品に裾から15センチ程度にしておくのがおすすめです。色は、鉄板の黒、ミディアムグレー、ネイビー、白があれば、あとは必要なし。

優雅に揺れるフレアスカート

日本人に多い、太ももが太い女性におすすめなのがフレアスカート。動くと優雅に揺れるスカート生地が女性らしさを感じさせてくれるアイテムでもあります。

素材は、秋冬ならドレープが出るようなウール、春夏なら軽やかなコットンがいいでしょう。色は、鉄板の黒、ミディアムグレー、ネイビー。いずれにしても無地のものがおすすめです。ギャザースカートやタックスカートなど、フレアスカートの種類もいろいろとありますが、シンプルでベーシックなものなら、ニットやジャケットなどさまざまなコーディネートに使えます。

フレアスカートの丈の長さも、流行によって変わるという見方もありますが、こちらもやはり自分の体型を理解したうえで、いちばん似合う長さを見つけること。すべての身につけるものに共通することですが、流行よりも自分に似合うサイズやスタイルをいかに見つけることができるかが重要なのです。

徹底試着で自分に似合うパンツを見つける

スカート同様、パンツ選びにおいても、自分の体型を理解することはとても重要です。ヒップが大きいのか小さいのか、脚が太いのか細いのか、長いのか短いのか。体型は千差万別。人それぞれ異なるうえに、年齢を重ねると変化したりもします。だからこそ、まずは徹底的に試着し、自分に似合う一本を見つけるべきなのです。

おすすめは、自分の体型に似合う形をオーダーするか、あとは既製品なら信頼できるブランドで徹底的に探すこと。「インコテックス」や「セオリー」、「ザラ」などには、シンプルで美しいパンツがそろっています。いずれにしても、裾に向かって細くなっていくテーパードシルエットが美しく見せてくれるのでおすすめです。

身長の高さや体型にもよりますが、裾幅は15センチぐらいが目安。丈の長さは、くるぶしが見える程度がすっきりして脚が長く見えます。

購入した際に裾幅が太い場合でも、お直しでパンツのシルエットを変えることができます。**パンツのシルエットを、自分が美しく見えるサイズにお直しするなんていうのは、お洒落なイタリア人たちの間ではもはや常識です**。僕自身も、自分がいちばん美しく見える裾幅や太ももの幅は何センチで、パンツの丈の長さは何センチかということを知っています。自分が美しく見える基準値を数字で認識することができれば、かなりのお洒落上級者といえるでしょう。

素材は、秋冬ならウールストレッチ、春夏なら軽やかなコットンやサマーウールのストレッチ。色は、鉄板の黒、ミディアムグレー、ネイビー、白。いずれにしても無地のものがおすすめです。

大人の女性に似合うデニムは？

今や世界的に見てもお洒落に欠かすことができないアイテムなのがデニム。そのデニムをうまく自分のスタイルに取り入れられるのも大人の女性のたしなみの一つです。でも、デニムならなんでもいいかといったら、そういうわけではありません。

ワイドやフレア、ボーイフレンド、スキニーなどと、毎年のように新しいシルエットが発売されます。その流行に踊らされる人も多いですが、それより、自分の体型に似合うシルエットを知っていますか？　何でも似合うモデルたちは別ですが、やはり体型は千差万別。さらに、年齢が上がると変化します。だからこそ、**まずは自分に似合う一本を徹底的に探し、見つけるべきなのです**。自分に似合うシルエットが見つかっ

デニム 6400 円／ギャップ、シャツ 1 万 9000 円／アリクアム（ストラスブルゴ）、ニット 8 万 5000 円／クルチアーニ（クルチアーニ 銀座店）、腕時計 86 万 5000 円／ブライトリング（ブライトリング ジャパン）、靴 5 万 1000 円／トッズ（トッズ・ジャパン）、ブレスレット、バッグ 私物／ともにエルメス

たら、時代の流行に惑わされないし、自信が持てるようになります。

デザイン的には、裾に向かって細くなるテーパードシルエットがおすすめです。スキニーは、お肉のラインを拾ってしまうので、カモシカ脚の人限定。注意すべきは、ストレッチが効いたよく伸びる柔らかデニムです。着やすいからといってフィットするものを選ぶと、肉に食い込んでボンレスハム状態になってしまいます。

穴が空いたクラッシュデニムやダメージデニムも、一歩間違えるとみすぼらしく見えるので要注意。ダメージが少ないものであれば、裾の切りっぱなしはこなれて見えます。色は、ベーシックな濃度50％ぐらいのブルーはもちろん、都会的に見せてくれるブラックデニムや、夏なら白もいいでしょう。

控えたほうがいいのは、過剰な装飾デニムです。ヒップにあるラインストーンのスカルのマークは、田舎のヤンキーにしか見えません。スタッズや刺繍もいりません。

そしてデニムも、自分の脚の長さに合っているかが重要です。裾丈が合わないなら面倒くさがらずにお直しをしましょう。小手先のテクニックよりも、自然に美しく見えることを優先すること。それが大人の女性の美しさを引き立ててくれるのです。

「アドーア」の
ジャガードスカート

フローラルの織り柄が上品でドラマチックなスカート。ボリューム感のあるドレッシーな雰囲気で女性らしさを表現できます。トップスはスッキリとミニマムに。スカート5万9000円／アドーア

ADORE

自分の体型に似合うことが何より大切

「ギャップ」のブラックデニム

ベーシックなデザインでありながら、そのコストパフォーマンスの高さで人気と言えばギャップ。グレーに近いブラックデニムは都会的な印象に。腰回りから太ももにかけてフィットするミドルストレートです。デニム6400円／ギャップ

「リック」のパンツ

腰回りがゆったりしながらも、センタークリースが入っているので、シュッと脚を細く美しく見せてくれる「リック」のパンツ。足首が程よく見えるクロップド丈で、スッキリした印象に。パンツ3万9000円／リック

REYC

**「リック」の
タック入りスカート**

コーティング加工を施したハリのあるコットン素材の黒のタック入りスカート。はくと裾にかけてバルーンシルエットのような広がりが楽しめます。トップスはコンパクトにまとめて！ スカート3万5000円／リック

ZARA

**「ザラ」のストレッチ
タイトスカート**

ベルト芯がないのでタックインして着用が可能。裾に向かって細くなるシャープなデザインと後ろスリットで理想的なシルエットを実現します。スカート5547円／ザラ（ザラ・ジャパン）

Le Verseaunoir

**「ル ヴェルソーノアール」の
テーパードパンツ**

必ず1本持っていたいのは、脚のラインを美しく見せてくれるベーシックなグレーのパンツ。フラノ素材で、股上浅めのテーパードシルエットは汎用性も高くて重宝します。パンツ4万2000円／ル ヴェルソーノアール（ラ・フォンタナ・マジョーレ 丸の内店）

RED CARD

「レッドカード」のブラックデニム

日本人体型を理解したシルエットに定評があるレッドカード。身体のラインに沿うようなストレートシルエットが大人の女性を美しく見せてくれるのでおすすめです。デニム1万9000円／レッドカード（ゲストリスト）

シンプルで美しいシャツのスタイルは、女性を知的でセクシーに見せてくれます。シャツ1万9000円／アリクアム（ストラスブルゴ）、パンツ4万3000円／ストラネス（三喜商事）、腕時計、ピアス（ともに私物）

05

Shirt「シャツ」

優美でクールな大人の女性の必需品

シャツというと、男性のアイテムのように思える方もいらっしゃると思いますが、正装にも使えるので、女性も欠かすことのできないアイテムの一つです。

まずは、徹底的に自分に似合うシャツを見つけることがここでも重要です。

おすすめは、自分に似合う究極の白いシャツをオーダーすること。今はオーダーシャツも広がり、比較的お手頃な価格でつくることができるようになりました。自分の体型に合うシャツを一枚オーダーして、あとはそれを基準にして、他の色にしてみたり、違う素材にすればいいのです。

自分の腕にピッタリの袖の長さ、袖の太さ、顔の大きさに合わせた襟の大きさ、もちろん肩幅や、肩の傾斜、バストの大きさ、ウエストのくびれなど、自分の基準値を知れば迷わなくてすみ、既製服選びにも圧倒的な差が出ます。

形は、イタリアのクラシックなシャツをベースに考えるといいでしょう。体型に程よくフィットするもので、アームホールは小さめ、袖は細め、脇にはガゼット付き。襟は、小さめのセミワイドスプレッドカラーで、胸ポケットはなし。袖口はラウンドカット。

素材は、着心地が楽なコットンストレッチを基本に、エレガントなシルクや、夏ならリネン（麻）。色は白、黒、ネイビーで、いずれも無地がベースです。

シャツの袖のまくり方などをいろいろとレクチャーしている本もありますが……。個人的には、二つ折りぐらいが自然でよいと思います。ファッション雑誌で提案しているような変な小細工をすると、かえってあざとさが目につきます。ジェーン・バーキンやグレース・ケリーがそんなことをしたかといったら、絶対にしていないはず。小手先のテクニックではない自然体な着こなしこそが素敵なのです。インナーにタンクトップを2枚重ねて着るとか、ブラウジングで前は入れるのに後ろは出すとか、「え？　何で？」と不思議で仕方がありません。

ファッション雑誌でよく見かける、あえての〝ハズしテク〟は、ハズしてるのではなく、ハズレです。小手先でお洒落に見せようとするのではなく、もっと根本的に改善できる部分がいっぱいあると思うのですが、いかがでしょうか。

シンプルな形で白と黒のみ

SEASON STYLE LAB

「シーズンスタイルラボ」のシャツ

細みのテーパードパンツにタックアウトして着たいオーバーサイズの白シャツ。襟を立て、袖をまくって軽快に着こなしたい。シャツ1万9000円／シーズンスタイルラボ（日本橋髙島屋 本館 シーズンスタイルラボ）

ANTONELLI

「アントネッリ」のブラウス

ミニマムで洗練された物づくりで名高いイタリアのアントネッリ。シルク混なので、美しいドレープが出て、しっとりとした大人の雰囲気を醸し出せます。バックボタンブラウス4万8000円／アントネッリ（ストラスブルゴ）

EMANUEL BERG

「エマニュエル バーグ」のセミオーダーシャツ

高品質なシャツ作りで有名なポーランドのエマニュエル バーグ。生地やボタンを選び、着丈や袖丈など自分に合ったサイズのシャツは最高の着心地です。セミオーダーシャツ2万円～／エマニュエル バーグ（ミリメートル）

GIORGIO ARMANI

「ジョルジオ アルマーニ」のシルクブラウス

ドレスアップにふさわしい極上のシルクブラウス。首元のリボンが揺れる女心を感じさせてくれる。潔くノーアクセで装いたい。ブラウス12万5000円／ジョルジオ アルマーニ（ジョルジオ アルマーニ ジャパン）

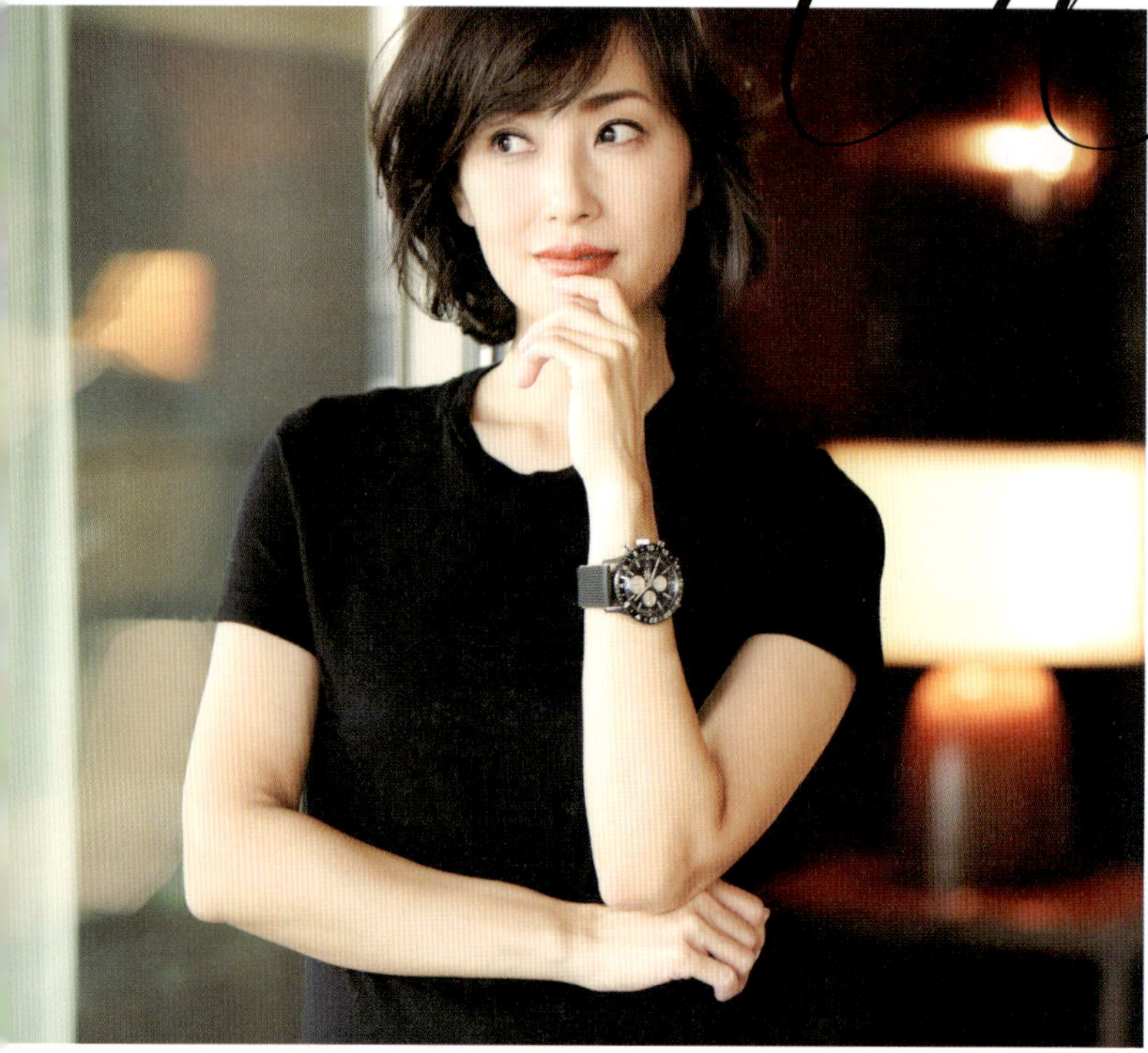

06

大人の女性を美しく見せてくれるＴシャツは、奇をてらわないベーシックなデザインで、程よいフィット感があること。基本の白と、引き締まって見える黒は何枚でも持っていたい。Ｔシャツ／ジェームス パース（私物）、腕時計86万5000円／ブライトリング（ブライトリグ・ジャパン）

カジュアルスタイルに不可欠

イタリアでは、男性は4つのスタイルが似合うことがいちばんベストとされています。それは、仕事のときのスーツ、フォーマルなときのタキシード、休日のTシャツにデニム。そして最後は、中身を問われる水着。

この4つのスタイルは、女性にも同じことがいえます。必要最小限のタイムレスワードローブの中に、Tシャツというのは少々意外かもしれませんが、カジュアルなスタイルで女性を美しく見せる意味で、やっぱりTシャツというのは基本アイテムの一つなのです。

Tシャツを選ぶ上で大切なのは、着心地のよい素材であること、体型を美しく見せるカッティング、そしてなんといってもコストパフォーマンスです。Tシャツは、ある意味で消耗品。洗濯機で洗っても簡単にヘタレないものがおすすめです。肌触りの良い薄手でテロンとした素材が一時期はやりましたが、高価なのに2回洗濯しただけで終了でした。だから今は、Tシャツにそんなにお金をかける必要がないと考えています。白いTシャツこそ汚れやすいのでまとめ買いしておきたいもの。

たとえば、腕時計みたいに長年愛用できるものなら高額なものを買ってもいいかもしれませんが、Tシャツのような消耗品にお金をかけるのはどうかと思うのです。これは、僕が提唱する「エコラグ」という考え方です（P129参照）。お金をかけるところと、かけないところを、メリハリをつけることも、大人の女性の賢いお洒落術です。

Tシャツ選びで大切なのはサイジング。やはり身体のラインが出ますからね。同じものでも、サイズを変えて購入するのもいいでしょう。ピタッと着るSサイズと、ゆったり着るLサイズ。試着ももちろん重要です。

タイトなTシャツにはボリュームのあるフレアースカート。ゆるっと大きめのTシャツには細身のパンツなど、ボトムスに合わせて、サイズ違いのTシャツを用意しておくと、着こなしの幅が広がります。

大きめのTシャツを選ぶなら、着丈まで長くなるはずなので、裾を短くお直しをするのも手です。ちなみに、僕の定番は「ギャップ」のストレッチT。3000円で、あのクオリティは最高です。何枚購入したかわかりません。

最後に、Tシャツの色は潔く白と黒だけでいいでしょう。グレーは汗染みが目立つので、もちろん論外です。

GAP

上質な白か黒で潔く

「ギャップ」のTシャツ

肉厚コットンで何度洗っても形が崩れないTシャツ。白はとことん白く着たほうが美しいので、コスパがいいブランドで毎年何枚も買い換えるのが良策。一枚で着てもサマになるので便利。Tシャツ1900円／ギャップ

「ジェームス パース」のTシャツ

ハリウッドのセレブリティにも人気のL.A.ブランド「ジェームス パース」。短めの袖が腕をすっきりと見せてくれるうえ、シアーな素材感も魅力。深めのVネックがセクシー。Tシャツ。Tシャツ 参考商品／ジェームス パース（ジェームス パース 青山店）

JAMES PERSE

Vince

「ヴィンス」のTシャツ

アメリカ発のモダンな服作りが人気のヴィンス。フィット感の高い七分袖Tシャツは手首を細く強調します。シアー素材で透け感があるので女性らしさもUP。七分袖Tシャツ1万3700円／ヴィンス（ヴィンス 表参道店）

「ル ヴェルソーノアール」のTシャツ

透けることを気にせずに1枚で着られる王道のストレッチTシャツ。長袖はたくし上げるとそれだけでニュアンスが出るので重宝します。Tシャツ1万8000円／ル ヴェルソーノアール（ラ・フォンタナ・マジョーレ 丸の内店）

Le Verseaunoir

Jacket

「ジャケット」

大人の女性の魅惑のギャップアイテム

(左) ジャケット38万円／キートン、タートルネックニット6万9000円／クルチアーニ(クルチアーニ 銀座店)、スカート3万円 ／モガ、腕時計／私物 (右) レザーブルゾン24万円 (参考上代) ／ル ヴェルソーノアール (ラ・フォンタナ・マジョーレ 丸の内店)、タートルネックニット6万9000円／クルチアーニ (クルチアーニ 銀座店)、スカート3万円／モガ、サングラス 2万1000円／レイバン (ミラリ ジャパン)、腕時計 (私物)

インターネットの普及などでさまざまな職種が増え、仕事が多様化したからでしょうか？　ここ数年、女性ファッションが著しくカジュアルに変化しています。海外のトップブランドも、スニーカーを軸にしたストリートスタイルを出すというのも多く見られるようになりました。でも、それを見るとまるでカジュアルでなければお洒落ではないといわんばかりに偏っていて、僕は少し違和感を覚えるのです。

男性は、スーツやジャケットというスタイルの基本になるアイテムがあります。その基本さえマスターすれば、そこから応用したとしても、大きくハズしたりブレたりすることはありません。そして、**僕から言わせてもらえば、女性であってもジャケットは洋服の基本中の基本**。ジャケットの装い方を知ると、他の装い方すべてにつながり、ハズしすぎたりブレることが少なくなるからです。

他のアイテムを購入するときも、最終的にこのジャケットに似合うか、ということを念頭におくだけで、無駄な支出を抑えミニマムで素敵なコーディネートがいくつもできるようになります。

そこでスタイルの軸になるようなジャケットを2タイプ用意しました。一つは、フォーマルなシーンでも着られる基本のテーラードジャケット。もう一つは、かっこよさとセクシーさが同居するレザーのライダーズジャケット。どちらも、僕が、女性だったら必ず着用するであろうアイテムです。

何はなくてもネイビーのテーラードジャケット

まず必ず持つべきは、ネイビーのテーラードジャケットです。「え？　必ずってそんなに重要？」と意外に感じる女性もいらっしゃると思いますが、男性に置き換えて考えれば、世界のどんな男性でも必ず一着は持っている基本の基のアイテムです。

テーラードジャケットで特に大切なのが仕立ての美しさ。Tシャツやニットと違い、立体的で構築的な分、仕立て映えのよさが如実に表れてしまうのがテーラードジャケットです。テーラード、つまりテーラー（仕立て屋）が仕立てた一枚を持っていると、公式な場面でも堂々と着ることができます。

究極はオーダーで自分に似合う一着を仕立ててみることがいちばんです。それが難しいようでしたら、男性のスーツを手掛けているようなクラシックなテイストを理解したブランドで探してみることです。いずれにしても、テーラードジャケットには、肩のライン、ゴージの高さ、ラペルの幅、着丈、ポケットの位置、立体的なバスト、芯地、肩の袖付け、ボタンの数など、チェックする項目がたくさんあります（専門用語が多くてすみません。もし興味があれば、ぜひ勉強してみてください）。

これもシャツと同様に、自分のジャストサイズや着心地を知ることで、今後の基準になります。その知識を基に、既製服のジャケットなら、必ずお直しをすることも考えておくこと。既製服は最大公約数のサイズで作られているので万人向け。自分をいちばん美しく見せてくれるサイズにお直ししてくれるお店を選ぶことが重要です。

たとえば、ジャケットのウエスト部分は、くびれが少しわかるようにお直しすることで、グッと女性らしい柔らかい曲線が生まれます。ジャケットの袖の長さがやたら長い女性も見かけますが、あれも男性たちから見たら滑稽に見えます。

素材は、3シーズン着用可能な薄手のウール、カシミアやシルクが混ざったソフトなものがいいでしょう。色は、一着目ならネイビーを。続いて黒があれば女性は十分です。ジャケットの柄は、チェックやストライプといったものもありますが、柄は使えば使うほど着こなしが難しくなります。無地に勝る柄はないのです。

たとえば、上質な薄手のカシミア素材を使って、ネイビーの無地のジャケットをオーダーで仕立ててみるなんて、最高にお洒落だと思うのですがいかがでしょう？　グレーのパンツや白いスカート、白いシャツやTシャツ、デニムなど、タイムレスなワードローブに何でも似合う汎用性があるので、これぞ魅力的な女性にとって、究極の定番アイテムといえます。

クールでセクシーなライダーズジャケット

僕は、映画からファッションやスタイルを学ぶことも多いのですが、女性にレザーのライダーズジャケットをおすすめする理由も、映画の影響です。

まずは、『あの胸にもう一度』（１９６８年・イギリス・フランス合作）という作品。主人公の女優、マリアンヌ・フェイスフルがバイクにまたがり、裸に黒のレザーつなぎを着てジッパーを上げるシーンは、本当にクールで痺れました。彼女は『ルパン三世』の峰不二子の原型になったといわれている女性です。

そしてもう一つ、女性のライダーズスタイルで素敵だった映画が『トーマス・クラウン・アフェアー』(1999年・アメリカ)。1968年のスティーブ・マックイーン主演の『華麗なる賭け』のリメイク版です。盗まれたモネの絵を調査するために保険会社から派遣された主人公キャサリンは、普段はハイヒールを履いて、バリバリのキャリアウーマンを感じさせるスタイルなんですが、一日だけ黒のレザーのライダーズジャケットに黒のスカートをはいてくるシーンがあって、それが超かっこよくて……。惚れましたね。

それからというもの、僕が女性のスタイリングをするときは必ずレザーのライダーズジャケットを取り入れるようにしているのです。デザインはいろいろなものが出ていますが、大人の女性を素敵に見せるなら、シングル(前立てが一重でシンプルなデザイン)がまずはおすすめです。ダブル(前立てが二重になったデザイン)よりも着こなしやすいはずです。

色は、黒かグレーかダークブラウン。ジッパーや細部につく金具は、シルバーのものがクールでいいでしょう。素材は、しっとりしたイタリア製のナッパレザーなんかがおすすめです。

カタチ、色、素材が決まったら、あとはサイズも重要。カラダに吸い付くようなピタッとしたものがおすすめです。着こなしは、黒のライダーズとサングラス（ハード）×黒のタイトスカート（セクシー）×黒のストッキング×黒のハイヒール（コンサバ）で、ハードさとセクシーさ、コンサバをうまくミックスさせた感じで。普段、コンサバなスタイルしか見せない女性が、急にこんなスタイルで来たら、めちゃくちゃかっこいいと思うのですがいかがでしょう？　大人の女性の普段とは別の表情というやつでしょうか。表情がガラリと変わることで、その女性に奥行きが生まれるのです。どういう人なんだろう?という想像をかき立てることが魅力につながるわけです。**ちょっぴり辛口で、トレンドにも迎合していない普遍的なスタイル**。少しハードだから人を選ぶかもしれませんが、僕の願望として、素敵な大人の女性にはぜひとも着こなしてほしいのです。

普遍的だから いつまでも使える

「ラルディーニ」のジャケット

世界のメゾンブランドの製品を40年つくり続けてきたラルディーニ。信頼のあるテーラードジャケットは、なめらかなウール生地でかなり女性らしいライン。ジャケット9万6000円／ラルディーニ（ストラスブルゴ）

Theory luxe

EMMETI

「セオリーリュクス」のジャケット

人気のセオリーリュクスのテーラードジャケット。柔らかで上質なサキソニー素材なので、3シーズン使えてビジネスにも便利。ジャケット4万9000円／セオリーリュクス（リンク・セオリー・ジャパン）

「エンメティ」のライダーズジャケット

ここ数年レザージャケットで大人気のエンメティ。柔らかくて着やすいうえに、つやを抑えた仕上げがこなれた雰囲気。来年からは黒もスタート予定。レザーブルゾン11万5000円／エンメティ（インテレプレ）

「トッズ」のライダーズジャケット

上質でシンプルなデザインが人気のトッズ。存在感のあるラムレザーのライダーズは、少し大きめのシルエットでバサッと羽織るのにぴったり。ライダーズジャケット59万3000円／トッズ（トッズ・ジャパン）

Universal Language

「ユニバーサルランゲージ」のセットアップ

もしも僕が女性だったら、毎日のように着るであろうアイテムがあります。それがセットアップ。そう、男性で言うスーツです。女性のお洒落の中ではそこまで重要視されているアイテムではありませんが、男性のお洒落においては絶対に持っていなければいけないマストアイテム。なぜなら着るだけで信頼感を得ることができ、世界中のどこでも通用するアイテムだからです。

セットアップは、ビジネスのときしか着ることができないんじゃない？ なんて思っている女性も多いと思いますが、たとえばジャケットを活かしてスカートを白にしてみたり、逆にスカートをいかして上にタートルネックのニットを着てみたり……。実はインナーに合わせるものや靴の選び方次第でカジュアルダウンして着ることもできるとても便利なアイテムです。

中でもオススメしたいのは、ユニバーサルランゲージのセットアップ。メンズではコラボスーツなんかを僕がプロデュースしていまして、その品質のよさとコストパフォーマンスの高さで、人気のブランドであります。

まず、なんといっても着心地がよいソフトな素材。ストレッチが効いているので着やすく、生地復元力の高さからシワになりにくいのが大きな特徴です。スポンジダブルクロスというふくらみのある柔らかい素材だから、着ると美しいドレープが出て女性らしい雰囲気を醸し出すことができるのです。

ジャケットのカタチは、余計なデザインをそぎ落としたシンプルなノーカラー。タイトスカートは、前身頃に斜めに切り替えが入っているので着やせして見える効果もあります。

シンプルで着回しも効くので、1着あるとさまざまなシーンで使えるはずです。コストパフォーマンスのよいセットアップを着まわして、新しい装いを楽しんでみてみてはいかがでしょうか？

女性を美しく見せる優秀なセットアップ

素材は、ポリエステルとレーヨンとポリウレタンからなる上品なふくらみ感を持つスポンジダブルクロス。伸縮性と復元力を兼ね備え、家庭用洗濯機でのお手入れも可能。色は黒、ブラウンの2色展開。ジャケット2万3000円、スカート1万1000円／ともにユニバーサルランゲージ（ユニバーサルランゲージ渋谷店）

ジャケット2万3000円、スカート1万1000円／ともにユニバーサルランゲージ（ユニバーサルランゲージ 渋谷店）、ブラウス、ピアス、時計、バッグ／私物

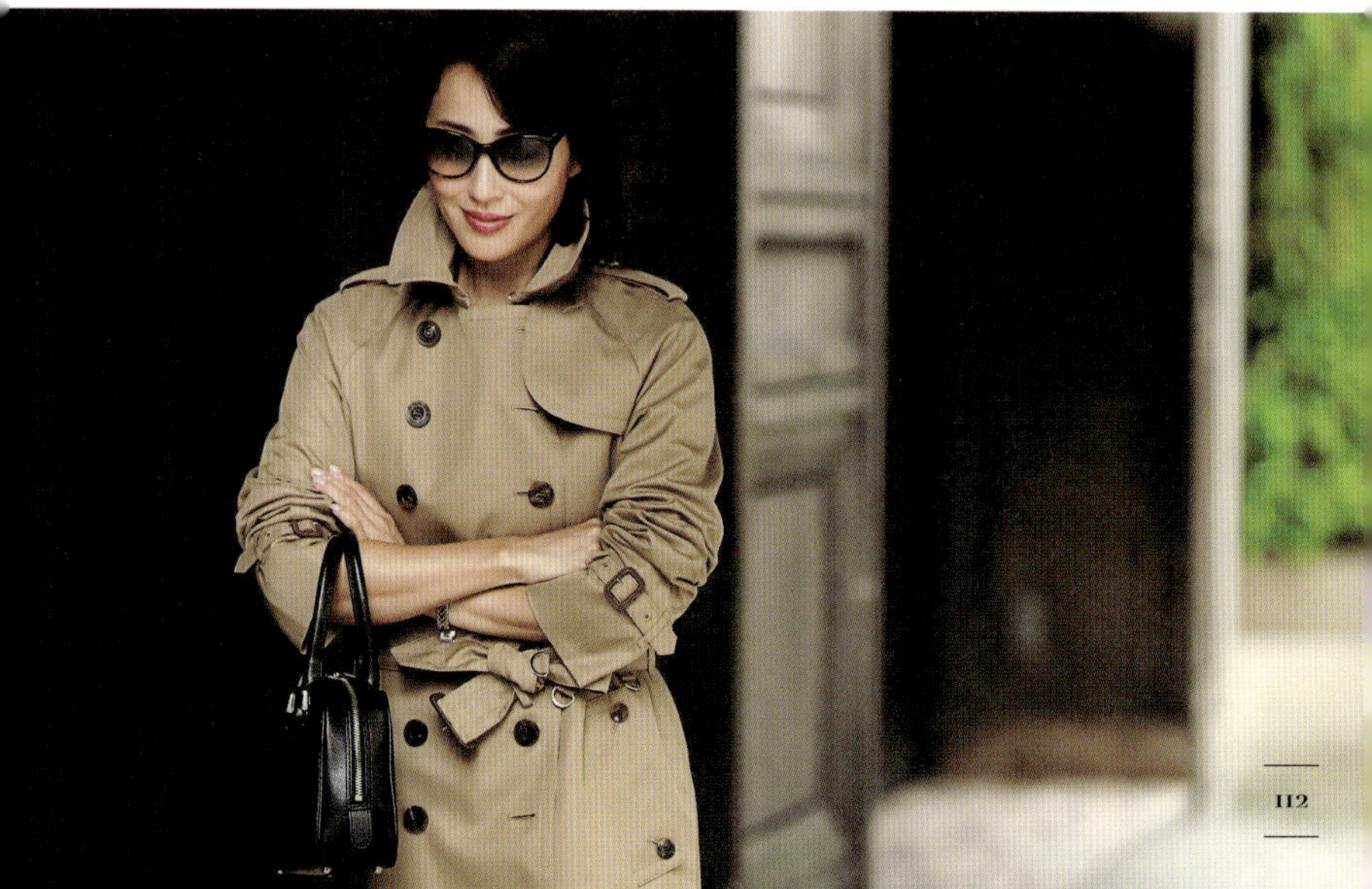

ハリのある上質なトレンチは
まさにタイムレス。トレンチ
コート12万円／アクアス
キュータム（レナウン プレ
スポート）、サングラス2万
9000円／オリバーピープル
ズ（オリバーピープルズ 東
京ギャラリー）、バッグ（私物）

08

Coat「コート」

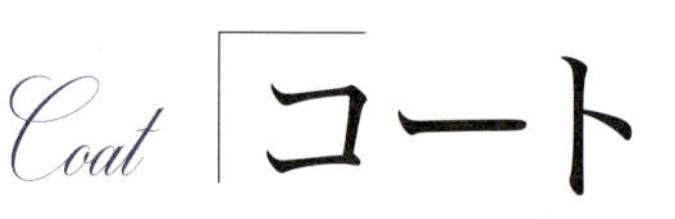

冬のお洒落はコートが7割

冬のお洒落を考えたとき、コートの存在は特別です。外出するときに、全身の7割近くをコート一枚が覆うことになるのですから、その日のお洒落のすべてが決まるといっても過言ではありません。それほどコートは冬のお洒落で重要な存在なのです。

どんなに高価な靴を履いていても、見るからに安いヨレヨレのコートを着ていたら、生活感がにじみ出てしまうもの。だからこそ、**安いものを毎年のように買い換えるのではなく、コートこそ、少し高価でもずっと着ていたいような上質な素材で、普遍的なデザインのものをそろえるべきなのです**。

そろえるべきコートは、トレンチコート、テーラードコート、ダウンコートの3着でいいでしょう。

凛々しく美しいトレンチコート

着るだけで、女性を凛々しく、美しく見せてくれるのがトレンチコートです。

今でこそ、誰もが持つ一枚になりましたが、実はこのコート、イギリスの軍隊が戦場で羽織るために誕生した男性用のアイテムでした。塹壕（ざんごう）で雨風をしのぐために、防風、防水性が高いコットンギャバジンという素材を採用。肩のエポーレット（肩章）は水筒や銃を、ベルトのDカンは手榴弾をぶら下げるためにつけられたものです。

雨風をしのげる丈夫なコートは、その実用性の高さから終戦後もレインコートとして街で着られるようになり、やがて映画の中で俳優たちが着用したことにより世界的に広まっていったのです。映画『ティファニーで朝食を』（１９６１年・アメリカ）や『シャレード』（１９６３年・アメリカ）のオードリー・ヘップバーンが着用したのは、あまりに有名ですね。

オードリーは元々かわいらしい印象の女優でしたが、その彼女が真逆なイメージのある凛々しいトレンチコートを着ることによって、さらにかわいく見えたことはいうまでもありません。

今ではすっかり市民権を得て、「バーバリー」や「アクアスキュータム」といった定番ブランド以外にも、**いろいろなブランドから出ていますが、おすすめなのは、やはりタイムレスなデザインのクラシックなタイプの一着**。王道のベージュか、都会的な黒が素敵な女性に見せてくれます。

実は万能、伝統のテーラードコート

実はトレンチコートより歴史が古いのがテーラードコート。中でも、チェスターフィールドコートは、英国のチェスターフィールド卿という男性が着用したのが最初といわれています。当初は、正装の上に装う男性用のコートとして使われていましたが、徐々に一般化し女性も着用するようになったのです。

エレガントなスタイルに似合うのはもちろん、デニムなどのカジュアルなスタイルにも着回せるので便利なアイテム。おすすめは、膝丈のカシミヤ素材のテーラードコート。袖口がターンナップになっていて、バックベルトがついたポロコートなどは、スポーティな印象もあるので乗馬ブーツに合わせて着ると、素敵ですね。

色は、定番の黒、ネイビー、グレーに加えて、上品なキャメルもいいでしょう。イタリアの『VOGUE』の元編集長フランカ・ソッツァーニさんは、黒のテーラードコートを素敵に着こなしていたのが印象的でした。

軽くて暖かいダウンコート

ここ数年の首都圏では、真冬でもあまり気温が下がらないのでダウンコートの出番が少なくなりました。それでも、軽くて暖かく、またクルッと丸めておいてもシワになりにくく便利なので、まだまだそろえておきたい冬の定番アイテムです。

ダウンコートは、オーダーというわけにはいかないので、信頼できるラグジュアリーブランドから、普遍的でシンプルなデザインのものを探すのが得策です。「モンクレー」や「ヘルノ」、「マックスマーラ」や「ブルネロ クチネリ」では、上質な素材を使った上品なダウンジャケットを見つけることができます。

フードが付くタイプなら、フード部分のファーの素材や色にも気を配りましょう。そして、モコモコして見えてしまうダウンだからこそ、自分の体型にピッタリフィットしたサイズ選びが重要です。色もいろいろありますが、明るい色は汚れやすいので、まずは黒やブラウンが使いやすくておすすめです。

HERNO

「ヘルノ」のダウンコート

イタリアの有名アウターブランド、ヘルノ。その薄くて保温性の高いダウンは常に人気。取りはずし可能なフード付きの異素材ミックスのデザインが新鮮。ウール×ナイロン異素材コンビ。ダウンコート18万5000円／ヘルノ（ヘルノ・ジャパン）

LARDINI

ADORE

GIORGIO ARMANI

「ラルディーニ」のチェスターコート

メンズスーツなどで人気のあるラルディーニ。そのクリエイティブが存分に活かされたコスパのいいWブレストウールカシミアのコート。明るめのグレーが美しい。コート11万円／ラルディーニ（ストラスブルゴ）

**「アドーア」の
ダブルフェイスコート**

上質・仕立てのよさで名高いアドーアのダブルフェイスコート。ボタンが見えないので、なめらかで美しく贅沢な雰囲気。ライトグレーのWフェイスコート8万9000円／アドーア

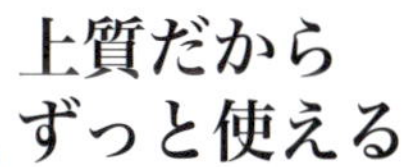

上質だから ずっと使える

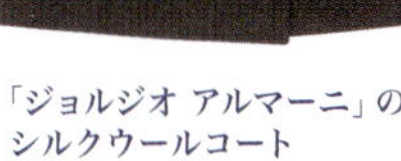

**「ジョルジオ アルマーニ」の
シルクウールコート**

イタリアの黒の美学ともいえるジョルジオ・アルマーニ。目の詰まったシルクウールのコートは着なくても上質で形がいいのがわかるほど。カシミアコート53万円／ジョルジオ アルマーニ（ジョルジオ アルマーニ ジャパン）

**「アクアスキュータム」の
トレンチコート**

英国のトレンチコートの顔ともいえるアクアスキュータム。時代を感じさせない上質なコートは、秘めた女性像を演出してくれます。トレンチコート13万円／アクアスキュータム（レナウン プレスポート）

Aquascutum

バッグ／エルメス（私物）、タートルネックノースリーブニット6万9000円、カーディガン9万8000円／ともにクルチアーニ（クルチアーニ 銀座店）、スカート2万7000円／セオリーリュクス（リンク・セオリー・ジャパン）、靴7万4000円／ジミー チュウ、腕時計／パテック フィリップ（私物）、サングラス6万5000円／オリバー・ゴールドスミス（ブリンク ベース）

09 *Bag*

「バッグ」

TPPOSでの使い方がお洒落を決める

女性のバッグは、男性にとってのバッグよりも重要な存在です。その人のライフスタイルを象徴するかのごとくいちばん目立ち、注目されるからです。

以前、人気女性誌『Ｏｇｇｉ』で「女の価値はバッグで決まるか？」というアンケートに答えました。が、もちろん、そうではないと思うわけです。たしかに、どんなブランドを選んでいるか？というのは、一つの判断基準ではあります。

でも、それを言うなら、**「ＴＰＰＯＳ」＝タイム（いつ）、プレイス（どんな場所で）、パーソナル（誰と）、オケージョン（どんな用途で）、スタイル（どういうふうに持つか）ということのほうがよっぽど大切だと思うのです。**

いくらエルメスのクロコダイルのバーキンを持っていたとしても、夏休みに子どもを連れてトレッキングに行くのに、化粧品いっぱい入れて、ハイヒール履いて、「シャンパン飲みた〜い」とかスマホで話しながら歩いていたら明らかにオカシイし、ドン引きですよね。

「ＴＰＰＯＳ」を考えられる知性があるかどうかが、本当の女性の価値を決めると思うのです。どんな革が丈夫なのか？　どんな縫い方をしているのか？　どんなスタイルに似合うのか？という知識があったり、もしも前述のような夏休みに子どもを連れてトレッキングに行くようなシーンなら、汚れてもいいようなバックパックで、子どもの手をつないで歩いているような女性にこそ、人間としての本質的な価値や女性としての魅力を感じるのではないでしょうか。

ハンドバッグ、ボストンバッグ、トートバッグ、ショルダーバッグ、クラッチバッグ……。カタチ以外にも、色やサイズ、素材など、バッグにはさまざまな種類があるので、自分のスタイルに似合い、「ＴＰＰＯＳ」に応じたものを選べることが何より素敵なことだと思うのです。必要最低限で考えるなら、次の３つでしょうか。

普遍的なラグジュアリーバッグ

「エルメス」や「ルイ・ヴィトン」、「セリーヌ」など、伝統ある海外のラグジュアリーブランドのバッグの中でも、選ぶなら長年変わらない普遍的なデザインのシリーズがおすすめです。

常用性を考えるなら、傷がつきにくい型押しレザーがいいでしょう。**バッグのサイズは、もちろんライフスタイルによって選ぶものが変わりますが、身長や体型によっても似合うもの似合わないものがあるので、姿見を使って、自分に似合うサイズバランスをよく見定めるのが鉄則です。**

バッグの色選びは、靴やベルト、腕時計のベルト、メガネといった小物の色とそろえること。バッグに使われている金属の色（ゴールドかシルバーか、それ以外か）にも留意すること。これはコーディネートを美しく見せる基本中の基本です。ラグジュアリーブランドのバッグじゃなくても、上質な革を使ったシンプルなバッグもあります。僕がプロデュースしている「ペッレ モルビダ」はコストパフォーマンスがいいのでおすすめですね。

普段使いのトートバッグ

カジュアルな装いでラフに持てるトートバッグは日常使いに便利。**高価なものではなく、気にせずにガンガン使用して毎年買い換えるくらいがベストです。**

デイリーに持つなら、撥水加工があると傷がつきにくく長持ちします。装いにトレンドを入れるなら、こういう毎年買い換えるもので遊ぶのがいいですね。大きめの荷物を入れるときやちょっとした旅行にも重宝します。黒やグレーなら仕事用バッグとしても使えます。

お洒落のポイントになるのは斜めがけバッグやクラッチバッグ

コーディネートのポイント、アクセサリー感覚として使用できるのが斜めがけバッグ。バッグの中には2wayでストラップが着脱でき、クラッチバッグになるものもあり便利です。

コーディネートしやすいシックなアイテムを選ぶのがポイント。また。クラッチバッグのみで選ぶときには、ビジューがついた華やかなものやデザインのあるものがおすすめ。ブラックのワンピースでも華やかなクラッチを持つだけでパーティの装いになります。

GIORGIO ARMANI

「ジョルジオ アルマーニ」のチェーン付きウォレットクラッチ

お財布としてもクラッチとしても重宝するバッグ。細チェーンだとエレガントさもアップ。チェーン付きウォレットタイプバッグ <W19 × H12 × D3cm>13万5000円／ジョルジオ アルマーニ（ジョルジオ アルマーニ ジャパン）

NANTUCKET BASKET

「ナンタケットバスケット」のクラッチバッグ

アメリカのナンタケット島の伝統工芸品。オール手づくりで、すべて1点もの。「バスケット界のエルメス」と呼ばれています。ナンタケットバスケットクラッチバッグ150万円／八代江津子／Mathew Feldman（グレイミスト ジャパン）

Valextra

「ヴァレクストラ」のクラッチバッグ

ミニマルなラインはシンプル好きなミラノマダムに人気。軽量で使い勝手のいいクラッチバッグです。イジィデ チェーン付き黒クラッチバッグ <H24.5 × W12.5 × D5cm>18万円／ヴァレクストラ（ヴァレクストラ・ジャパン）

シンプルで普遍的なものを

「エルメス」のバーキン

ラグジュアリーブランドにおいて最高峰といっても過言ではないエルメス。上質な素材といつまでも飽きがこないバーキンは多くのセレブリティの心をとらえて離さない逸品。バーキン <W40 × H31.5 × D20cm>／エルメス（私物）

Valextra

「ヴァレクストラ」のイジィデバッグ

イタリアの名門ヴァレクストラ。正統派のフォルムが上品。ストラップをつけてクロスボディとしても使用可能です。ミニ イジィデ グレー <W22 × H16.5 × D12cm>29万5000円／ヴァレクストラ（ヴァレクストラ・ジャパン）

HERMES

{02}

ガウチョパンツ、モックタートル……実は危険なトレンドアイテム

「女性の流行を男はまったく理解できない」と書いてきましたが、理解できないを通り越して、「ちょっとそれ、大丈夫？」と思ってしまうアイテムが実はたくさんあります。

中途半端なハイネックのモックタートルは顔が大きく見えるし、ボリュームのあるガウチョパンツは、小柄だったり下半身が太めの人はそれが強調されてしまいます。あまりにもハードすぎるクラッシュデニムはワイルドすぎるし、リアルなミリタリージャケットは戦争を連想させてギョッとします。どちらも、それを着てどこに行くんだろう、と不思議に思ってしまいます。

さらに、子どもっぽいアイテムも要注意。アイドル顔負けのチュールスカート、学生気分のスタジャン、男の子のようなオーバーオールなど。後ろ姿が素敵な女性、でも前から見たらがっかりだった……。それは着ているものと年齢がマッチしていないから。下手をすると、トレンドを必死で追いかけている若づくりの女性と思われかねません。

本書でお伝えしている「魅力的な女性」とは、全身トータルで美しい人のこと。流行で固めた服ではなく、中身のあなたが美しく見えることが大切なのです。そうなると当然、自分の身体が美しく見える服を身につけるべきなのに、背の低い人がガウチョパンツを履いているのを見ると、なんだか悲しくなってしまいます。総レースのスカートはテーブルクロスみたいだし、ベレー帽は漫画家の方ですか？　と突っ込みたくなります。さらに、注意したいのがオフショルダー。まず露出が大きすぎるし、痩せている人は貧相に見えるし、何かに引っかかって落ちやしないかとヒヤヒヤしてしまうんです。

いくら高級なブランドものでも、子どもっぽかったり、だらしなかったり、主張が強すぎたりするアイテムだと、せっかくの大人の女性らしさは台無しになってしまいます。

トレンドアイテムこそ、自分に本当に似合うかどうか、美しく見えるかどうか、自分の年齢にふさわしいものかどうかをしっかりと見極めることが大切なのです。

Chapter 3 *Appearance*

「実はいちばん大事な身だしなみ」

「健康でケアしていることが美しさの最大の条件」

ここまで、アクセサリーとワードローブの話をしてきましたが、実は素敵な大人の女性になるために、いちばん大事なことについてまだお伝えしていませんでした。それは、健康であること。「なんだ、そんなこと……」と思うかもしれません。でも、ついつい流行の服や新作のコスメを買うことばかりを考えて、健康をおろそかにしていませんか？

よく手入れされた艶やかな髪や血色のよい美しい肌、よく笑う口元、白い歯、きらきらと輝く目。これさえあれば、実はどんな服を着ていようと素敵な女性であることは、間違いありません。逆にいうと、**どんなに洋服に気を使っていても、健康で清潔**

でなければ絶対に美しくなんて見えないのです。

男性は、女性の健康にはとても敏感です。生物学的にオスは自分のＤＮＡをできるだけ多く残すという使命があるので、健康なメスに本能的に惹かれるのです。ですから、退廃的な美人より健康的な美人が（一般的には）モテますし、厚化粧の女性よりスッピンに近い女性のほうが安心できて好かれるのです。

さらに、男は女性の流行のお洒落には気づかないのですから、男にも女性にも好かれる女性になるためには、流行より身だしなみに気を配るのが得策というわけです。

では、どんな髪、肌、口元、目元が健康的で美しいのか。どんなケアをすればいいのか。本章では、僕のファッション理論に加え、まわりの女性たち（美容に敏感な編集者やライター、ヘアメイクなどのプロたち）のアドバイスを受けながら、一通りまとめてみました。

もちろん、僕の男性目線も大いに入っているので、男性の本音として参考にしてもらえれば幸いです。

「健康的で美しい髪」

男性が女性の装いの中で心動かされるのは、ズバリ「揺れるもの」です。イヤリングやスカートはその典型ですが、女性自身でいうならば「髪」。女性の美しいロングヘアがさらりと風になびいたり、髪をかきあげたりするだけで男性はグッとくるのです。「あぁ、なんて綺麗なんだろう……」と。そこからほのかによい香りがしようものなら気絶します（笑）。

男性は短髪が基本なので、自分にないものへの憧れもあるからかもしれません。古くから「髪は女の命」とまでいわれ、女性の美しさを表現するのに欠かせないものだったのです。

毎日のケアを手抜きしない

美しい髪でいるには毎日のケアが欠かせませんよね。女性ならシャンプー、コンディショナーに気を遣う方がほとんどだと思いますが、でもただ洗うだけではダメ。まず大事なのは頭皮。**スカルプケアをして毛穴に溜まった汚れをしっかり取り除いてこそ、綺麗な髪の毛が生えてくるのです**。だから手抜きは厳禁。そして、頭皮を柔らかく保つことも薄毛予防になります。毎日、シャンプー時にマッサージをしたり、美容院でヘッドスパを定期的にやるのもあり。

頭皮の健康については、常に薄毛の危機にさらされている男性のほうが気を使っているかもしれません。

すでに生えている髪に対してのケアももちろん大切。特に意識すべきは髪への熱の当て方。ドライヤーやヘアアイロンは、なるべくダメージが少ないものをセレクトするのがマスト。トリートメントにお金をかけることも大切ですが、性能がよいドライヤーを選ぶ、これも「エコラグ」（僕がつくった言葉で、エコノミック・ラグジュアリー[economic luxury]の略。極めて経済的だけれど、上質さやエレガンスは失わないスタイルの意味）のことです。

最近、人気なのが進化したドライヤー。これは当てるだけで髪がツルツルになるのですから本当にすごい。「レディス○○○」にお世話にならないためにも日々の努力は必要。知識があってこそ、ケアの重要性を認識できるのです。

そして、**健康的な髪のためには、普段の生活が大切です**。侮るなかれ、その人がどんな生活をしているかが、見事に髪の質感に出るのです。というのも、髪は今日明日で生えそろうものではないからです。

健康的な髪は、ヘルシーでバランスの取れた食事と質のよい十分な睡眠をとり、ストレスのない充実した生活をしていないと生えてきません。生活がすさんでいると、髪も艶のないまとまりにくい髪になります。屋外では帽子で隠せても、室内で脱いだときにはごまかせませんよね。

平面的な顔の日本人だからこそ立体的なヘアスタイルに

次にヘアスタイル。このヘアスタイルで、その人の根本的なセンスが決まってしまうといっても過言ではありません。というのも、服は着替えれば雰囲気をすぐに変えることができますが、ヘアスタイルはそうはいきません。どれだけ自分の顔や体型を知り、トレンド（時代性）も加味しながらヘアスタイルを選ぶかが重要です。

基本的に、洋服は西洋人に合うようにつくられてきました。しっかり凹凸のある西洋人が着やすいよう、立体的に考えられています。和服は凹凸の少ない日本人が着やすいよう平面的につくられています。

顔も同じです。我々日本人の平面的な顔立ちと、西洋人の立体的な顔立ちとは大きな差があります。だからせめてヘアスタイルを立体的にしてカバーする必要があるのです。人によって髪質や顔のカタチはもちろん違いますが、**洋服を着るのであれば、ヘアスタイルも立体的にしたり、奥行きを作ることが理論であり本質なのです。**

素敵なヘアスタイルにするには、信頼できるスタイリストの存在が欠かせません。自分の髪の特徴を知り、自分の思い描くヘアスタイルを理解して表現してくれるスタイリストを見つけることが素敵なヘアスタイルへの第一歩です。

男性はミディアムロングが好き

ちなみにですが、男性は、女性の髪型はミディアムロング好きが多いんです。その人の身長のバランスにもよりますが、肩より少し長いくらいが人気のようです。なぜなら、男性の長髪というのは、アーティストでもない限り社会的に信頼されにくいからです。**男性は自分たちにないものを、女性に求めるのです**。

ミディアムロングなら、耳にかけたり結わえたりもできます。温泉に行ったときやプールに入るときに、クルクルっと髪を簡単に上げたりすると、男はドキッとするんです。

普段から前髪ありなら、シャワーを浴びたときに思い切ってオールバックにすると、セクシーに見えます。逆に、普段は前髪がないなら、休日だけ前髪を下ろしたりして違う表情を見せると新鮮です。

繰り返しになりますが、男はギャップが大好きなので、髪型を変えることによってさまざまな表情を見せられるヘアスタイルがおすすめなのです。

上品なダークブラウンこそ大人の女性にふさわしい

次に注意したいのが髪のカラーリング。色選びひとつで印象がガラリと変わってしまいます。真っ黒すぎても、映画『リング』の貞子のようで怖く見えるし、明るすぎると下品で軽く見えてしまいます。

おすすめは上品なダークブラウン。若い女性たちは今どきのアッシュ系を好みますが、年齢が上がってきたらくすんだ色は老けて見えるのであまりおすすめはできません。特に50代以上だと下手をすれば年齢よりも老けて見える危険があります。

メッシュも基本やらないほうが無難です。欧米人の金髪やメッシュはとても素敵ですが、眉毛やまつげが黒い人は、髪だけ金髪にするとナチュラルから逸脱し、違和感が生まれてしまうでしょう。

グレイヘアも素敵ですが、個人的には白髪が見えた瞬間に年齢を意識してしまうので、地毛の大半が本当に美しいホワイトになる年齢までは染めたほうがいいと思います。面倒くさがらずこまめなレタッチがポイントです。

最近では、カットとカラーで異なるサロンに通っている人も多いですね。決まったカラーなら、コスパのよいサロンでこまめにカラーリングするのも経済的な方法です。

ちなみに僕の理想のヘアスタイルの女性は、レティシア王妃（スペイン）やダイアン・レイン（米女優）など。エレガントなミディアムロングで、品格があって素敵なヘアスタイルだと思うんですよね。

LOVREDO

美髪は毎日のケアを手抜きしないことから

「ルーヴルドー」の復元ドライヤー

傷んだ髪の人にピッタリなのがコチラ。「育成光線」と「マイナス電子」の効果を最大限に出すため、振らずにできるだけ近づけてしっかりと風を当てるという逆転発想の復元ドライヤー。髪はもちろん、顔や全身美容マシンにもなる超ハイブリッド家電です。復元ドライヤー 1 万 5700 円／ルーヴルドー

Le ment

「ルメント」の高濃度炭酸オイルクレンジング＆シャンプー

累計販売 78 万本を誇る人気の秘密は、高濃度の炭酸と美容成分を配合した高級オイルによって、髪がご褒美級の手ざわりになること。濃密泡タイプのシャンプーでノンシリコンなので、ナチュラル派の人も安心して使用できます。スパークリングオイルクレンジング＆シャンプー 2400 円／ルメント（magicnumber）

of cosmetics

「オブ・コスメティクス」の高浸透性シャンプーとトリートメント

ダメージやクセ毛、広がりやすい髪質の人におすすめの逸品がこちら。高い浸透性を持つヘマチン、エラチン、コラーゲンがダメージを補修。ゴマや黒砂糖など植物性コンディショニング成分が潤いと輝きを与えてくれます。（右）ソープ オブ ヘア 3200 円、（左）トリートメント オブ ヘア 3200 円／ともにオブ・コスメティックス

YA-MAN

「ヤーマン」のヘッドスパリフト

美髪は一日にして成らず。防水なのでお風呂での毛穴掃除はもちろん、人間工学に基づいたラウンドフォームで頭皮と筋肉をグッとつかみ、毎分 57600 回のローリング刺激で頭皮をもみ上げます。肩、首、デコルテにも効果あり。顔用アタッチメント付き。アセチノヘッドスパリフト 1 万 2500 円／ヤーマン

「触れたくなる肌」

好意を寄せている人の肌に初めて触れたときの感触、覚えていますか？　これ、実は初対面の印象と同じくらい忘れないものなのです。そのくらい肌って大事なんですよね。

男性からすると、女性には〝触れたくなる肌の女〟でいてほしいもの。ちなみに赤ちゃんのような肌が理想ですが、さすがにそこまでは求めません。でも加齢により肌状態が急降下するのではなく、緩やかな加齢ラインにする努力はできるはず。

肌に関する女性の美容というと、ファンデーションでどうやって隠すか、キレイに見せるかという話が多い気がします。でも、**そんなに完ぺきに見えなくていいから、いつ触られてもいいような素肌を保ってほしいというのが男性の本音なのです**。

こまめなスキンケアはもちろんですが、食生活、睡眠やストレス状態も肌に大きな影響を与えるので、健やかな生活をすることも不可欠です。

中でもホルモンバランスはいちばん大切です。本来重視したいのがパートナーとの肌の触れ合い。愛する人と触れ合うことによって、女性ホルモンであるエストロゲンが分泌されると言われています。

日焼けにおびえる女性より小麦色の肌を楽しむ女性に

「美白大国」といわれるほど、日本人は色白好きです。美白関連のコスメも飛ぶように売れているそうです。日傘をさしている女性も増えてきました（男性用の日傘というのも話題ですね）。最近ではＰＭ２・５などによる大気汚染や、オゾンホールによる紫外線の影響もあるので、どんどん関心が高まっています。色白で透明感のある女性は美しいですからね。僕ももちろん嫌いではありません。

でも、やりすぎるとかなり違和感があります。たとえば、真夏なのに帽子に鉄仮面のような真っ黒いサンバイザーに肘まである手袋をして、自転車に乗っている女性。あまりに必死すぎて怖い。バッチリメイクで顔が白すぎるのも僕は引いてしまいます。

僕は自然な日焼けをした女性を健康的で美しいと感じます。イタリアンマダムは若い頃からバカンスで日焼けを楽しんでいるので、顔全面にシミがあっても気にしない人が多い。ナチュラルな自分を楽しむ余裕が、僕は健やかで美しいと思うのです。

実は、僕は自分自身も日焼けをして〝美黒〟を実践・推奨しているのですが、日本の女性にはまだハードルが高いですよね。でも、普段の生活ではある程度の対策をしつつ、リゾートや船旅に出掛けたときには少し日焼けを健康的に楽しむ、そんな心の余裕のある女性は素敵だなと思います。

勝手なことを言うようですが、もし後になってシミが出てきたら、美容クリニックで取っちゃえばいいんです。いまや短時間でリーズナブルにできますから。

ちなみに、僕は美容医療肯定派。上手にやればいいと思います。でも、やりすぎは注意が必要。男性は鈍感だから、女性が多少シワを取ってもわからないですけど、やり過ぎはやっぱりわかります。そうなると「ナチュラル」が大好きな男性の中には引いてしまう人もいるでしょう。

基本、わからなければいいんです。あからさまでなければ。

素肌を美しく、メイクはナチュラルに

ここでベースメイクの話を少し。メイクも髪型と一緒で、洋服を着るなら西洋人の顔のように立体的に見せることが大切です。でも結局のところ本物の西洋人にはなれないので、**その人の個性を活かしたミニマムメイクがいちばん美しいと思います**。アイシャドウもリップもできるだけ薄めなのが上品ですね。

女性誌などでは何種類ものファンデーションを何層にも重ねたり、ノーズのシャドウを濃くしたりする記事がたくさんありますが、これをやるとどうしても厚化粧に

なってしまいます。すると、笑ったときにめちゃくちゃシワが目立つんです。夕方頃になると化粧が全部シワに入ってひび割れてしまう人を見かけますが、これはキツい。すべての男性がそのシワに気づいている訳ではないと思いますが、少なくとも僕は気になってしまいます。

女性が気にしてファンデーションで隠そうとする、ちょっとしたシミやくすみ、それこそ男性はほとんど気にしていません。大切なのは、素肌を美しく保つための規則正しい生活とていねいなスキンケア。そのうえで加齢や日焼けによる肌の変化を肯定し、それを過度に隠さないことに、僕は大人の女性の余裕を感じます。

ナチュラルメイクが好きな理由は実はもう一つあります。さぁ出かけよう！というとき、「メイクするから1時間待って」と言われるとウンザリしてしまうからです。これ、かなり多くの男性の共通意見かと思います。

素肌を美しく、メイクはナチュラルに。少しずつ、目指してみてください。

日々のスキンケアがいちばん大事

「クレ・ド・ポー ボーテ」の超高保湿クリーム

馴染ませた瞬間から効果が始まり、若々しい肌になる超高保湿クリーム。コクのある贅沢な感触で夜の間に働きかけ、翌朝には潤いとハリ、弾力をもたらします。エイジングケアの成分を配合し、目の周りや口元の乾燥を防いでくれる頼れる逸品。ラ・クレームｎ６万円／クレ・ド・ポー ボーテ（資生堂インターナショナル）

「SK-II」の鉄板化粧水

もはや世界的に人気の化粧水。90％以上を構成している独自成分ピテラ ™ が、はじかず、馴染んでいき、独特の浸透感を与えてくれます。キメ、ハリ、エイジングケアや乾燥によるくすみを明るくし、ツヤもアップ。キメの整った潤いに満ちた肌へ導いてくれます。フェイシャル トリートメント エッセンス１万7000円／ SK-II

「ディオール」の素肌力を高める新シェード

いつでもどこでもワンステップで、色でカバーすることなく素肌そのものの美しさを高めて保護、肌色を均一に整える優秀シェード。肌深くからエイジングサインをケアし、日を追うごとに自然な輝きを取り戻します。カプチュール ドリームスキン モイスト クッション 8500円／ディオール（パルファン・クリスチャン・ディオール カスタマーサービス）

「イプサ」の美白美肌美容液

透明感を決定づける要素に多角的にアプローチ。透明感あふれる肌に導く美白美容液。ＤＭオプティマイザーがメラニン分布を均一にして肌全体の透明感を高めてくれます。美白有効成分がメラニンの生成を抑え、シミ、ソバカスを防いでクリアな印象へ。ホワイトプロセス　エッセンス　ＯＰ 50mL １万2000円／イプサ

「ジェノマー」のとろけるクレンジングバーム

肌の上でとろけるように馴染むバームタイプで、一度使ったらやめられないメイク落とし。２種類の植物由来モイスチャーバターを配合し、高いクレンジング力でしっとりリッチな洗い上がり。温感マッサージすることで、むくみやくすみのないクリアな素肌へ。クレンジングバーム 4000円／ジェノマー（ドクターシーラボ）

「思わずキスしたくなる口元」

好意を持っている人と初デートで食事。そんなときに気になるのが相手の口元。実は顔の中で最も多様な表現をするのが口元です。たとえば、会話の中で知的さを表現することもできれば、艶のある唇でセクシーさを表現することもできます。

その反面、息がくさかったりすると突然幻滅し、恋愛対象からはずれてしまう可能性もあります。

僕たち男性が惹かれる口元、それは極端にいえば、キスしたくなる口元です。

品のある白い歯は美の象徴

「芸能人は歯が命」というCMがはやったことがありましたが、品のある白い歯の女性は、それだけで美の象徴と言わしめるほど説得力があります。

歯並びももちろん大事ですが、それよりも歯そのものが美しいことが大切です。この数年、日本人の美しい歯の重要性が浸透してきました。大人でも歯の矯正をしたり、ホワイトニングをしたりする人も増えてきていますよね。

年を重ねると、どんな生活をしているかが歯に出るので、日頃のケアの手を抜いてはいけません。半年に一度は歯科医にメンテナンスに行くのは必須です。

昨今は歯のホワイトニングも比較的安価でできるようになったので、程よく取り入れるのもあり。かかりつけの歯科医などで相談してみましょう。

ただし、陶器のように不自然に白すぎる歯も、ちょっと怖いので気をつけてください。逆に肌がくすんで見えたりすることも。あくまでも自然な白さでなじませることが大切です。

なぜか避けられているなら、口臭かも

イタリアン好きな僕はガーリックが大好き。お腹が弱いのですが、いつもたっぷり食べてしまいます。「におうからガーリック抜きで」という女性もいますが、パートナーと二人で食べたら同じように臭うのですから、まったく気にする必要はないと僕は思います。もちろん、ビジネスのときは少し控えます。

逆に気にすべきは普段の口臭。これ、意外と自分では気づかないものなんです。女性で口臭があるのは本当にゲンナリします。どんなにタイプの美女でも崖から突き落とされたぐらいのショックを受けます。

口臭はファッションチェックのように友人が指摘してくれません。言葉にすることが相手に失礼だと思うので、誰もなかなか注意しないのです。だからこそ、自分で最大限に気をつける必要があります。口臭は男女関係だけでなく、さまざまな人に不快感を与えるので、なぜか人に避けられているように感じたら、自分でチェックしてみましょう。

口臭は、虫歯、胃腸疾患、歯周病や歯肉炎など、さまざまな要因が考えられるので検査のうえ、きちんとした治療を。

フッ素入りの歯磨き粉を使って磨いたり、歯茎を痛めないような柔らかい歯ブラシを選ぶのも重要。硬い歯ブラシは、歯茎を削って痩せさせてしまうのです。また舌の表面にある白い舌苔を取るのも大事。食後のマウスウォッシュも効果的ですね。

「唇の人」にならないように要注意

唇ももちろん重要です。日頃からガサガサにならないようケアしておきましょう。リップバームはもちろん、さらに効果を上げるなら美容液効果のあるリップクリームでぷっくりとした健康的な唇に。その土台があれば、薄いルージュを引くだけで美しく際立たせることができます。

男は女性が思う以上に唇を見ています（僕だけじゃないはず……）。どんなに綺麗な色のルージュをつけていても、ガサガサしているとちょっとガッカリします。

控えめで色気のある口元に

Sonicare

Doltz

DE LA MER

ACQUA
DI PARMA

「スック」の濃密リップスティック

(左) バームのような濃厚かつまろやかな塗り心地で、しみ込むような潤い感があるリップ。モイスチャー リッチ リップスティック 5000 円 (右) ファッション性の高い発色で、華やかで魅力的な顔立ちに。ツヤ・潤いもパーフェクト。エクストラ グロウ リップスティック 4000 円/ともにスック

(左)「ドルツ」のヨコ磨き音波振動歯ブラシ (右)「ソニッケアー」の歯垢に強い電動歯ブラシ

(左) 歯科医師推奨のヨコ磨きが唯一できるのがドルツ。音波振動で歯周ポケットまでキレイに磨けます。音波電動歯ブラシ 2 万 9800 円/ドルツ (パナソニック) (右) 5 つのモードが選べて歯垢除去力最大 10 倍。約 1 週間で自然な白い歯へ。ダイヤモンドクリーン スマート 3 万 6000 円/ソニッケアー (フィリップス)

「マイ ホワイト シークレット」のブライトニング歯磨き粉

イギリス発の「朝用」「夜用」があるユニークな歯磨き粉。「朝用」は、キシリトールが歯を保護し日中の汚れを防止。「夜用」は、エナメル質を傷つけずに、歯の表面から汚れを取り除く低研磨材の活性炭で自然な白さへ。MW 歯磨き (朝・日中用、夜用 2 本セット) 2000 円/マイ ホワイト シークレット (ピー・エス・インターナショナル)

(左)「アクア ディ パルマ」の濃厚リップバーム (右)「ドゥ・ラ・メール」の保護リップバーム

(左)イタリアの果実の香り。ブルー メディテラネオ キノット リップバーム 15mL 3000 円/アクア ディ パルマ (インターモード川辺) (右)海藻などからなる独自の保湿成分で唇を保護し柔らかさを保ちつつ、チョコミントのような甘い味も魅力。ザ・リップ バーム6500 円/ドゥ・ラ・メール

最近真っ赤なルージュが流行したようで、よく見かけるようになりました。が、派手な唇は要注意。口だけが印象に残ってしまうんです。どんな顔かは忘れたのに、赤い唇だけが残像として残っている人。それは相当バランスが悪いと思います。あと、〝口裂け女〟とか〝魔女〟とか連想して怖くなります……。

本来、顔の中で目元がいちばん印象に残るはずなので、目元が美しく見えるようなナチュラルな口元に抑えることが大事。ピンクベージュやモーヴ系の色合いが品のいい口元に見せてくれます。

もう本当に同じことばかりで恐縮なんですが、奇をてらわず、過剰に塗らず、そのままで美しくなるようなケアをする。それだけだと思います。それこそが、その人の顔を最も美しく見せる秘訣だと思うのです。

「吸い込まれるような目元」

顔の中でいちばん目立ち、説得力や信頼感を与えるうえで重要なのが目。名優は目の動きだけで演技を成立させることができるといわれるほどですから、どれだけ表情にとって大切であるかがわかるはずです。

目の魅力を最も際立たせるのは、健康そうな輝きです。白目が黄ばんでいる上に寝不足で血走っていたら、1ミリも魅力を感じないし、見つめられたくもないですからね（笑）。逆に〝澄んだ瞳の女性〟に見つめられたら……、男はグッと引き込まれて、その人のことをもっと知りたくなるのです。

アイメイクについては、常に女性誌で特集が組まれていますが、白目の美しさや瞳の輝きについてはあまりいわれていないようです。でも**どれだけバッチリのアイメイクをしても、目に健康的な輝きがなければ美しくは見えません**。

そのためには、健康な生活、特に質のよい睡眠とビタミンなどの摂取が大切です。でも、ときには朝起きたら充血しているということもあると思います。そんなときは、目薬がおすすめ。ぜひ試してみてください。

「平たい顔族」の日本人がすべきアイメイクのポイント

アイメイクは、女性がいちばん力を入れるべきメイクだと思います。アイメイクひとつで顔の印象がガラリと変わるのですから、当然です。

でも男性としては、あまり厚塗りせずなるべくナチュラルにしてほしいというのが本音（でも綺麗でいてほしい。男のワガママですよね、すみません）。

ナチュラルだけど綺麗に見せるメイクってどうすればいいんでしょう？　それには、**自分のメイクポイントとなる箇所のクセをつかんでおくことが大事**。そのひとつが自分の顔の骨格です。

これまでにも言いましたが、西洋人の立体的な骨格に対し、黄色人種は平面的な顔です。『テルマエ・ロマエ』（エンターブレイン刊）というマンガでは「平たい顔族」と表現されていたほど凹凸が少ない人種なのです。でも、**その平たい顔に立体的な奥行きをつけると自然に美しく見せることができます**。

西洋人になればいいというわけではないですが、洋服には立体的な顔が似合うし、残念ですが、平面的すぎるとどうしても貧相に見えてしまうので、少しだけ凹凸のある顔に寄せるのがおすすめです。

ポイントは、アイホールとノーズシャドー。ナチュラルに奥行きをつけることで印象がガラリと変わります。ここで注意したいのは、ほんの少しつけること。自分の骨格を知り、少しだけ立体的にする。それだけで十分メイクの意味があるのです。

休日などでも、目はその人の印象を左右するのでアイラインとマスカラはしておいてほしいと思います。

アイラインはインラインでもいいくらいナチュラルに細く。まつげは女性のセクシーさを表現する大切な要素なのでしっかりとメイクをしましょう。

マスカラは長く、太くすることで目元につやが生まれます。ロングとボリュームの2種類を重ねてつけるのもあり。また、年齢を重ねるとまつげが薄くなることもあるのでエクステなどで量を増やしてみるのもいいでしょう。ただエクステはやりすぎるとまつげが抜けてしまい、逆に薄くなってしまうこともあるので注意が必要。あからさまに見えるつけまつげは、大人の女性にふさわしくないので、ほどほどが大切です。

〝麻呂な女〟にドン引き!?

女性と一夜を過ごすことになって、メイクを落とした女性の眉毛が全部なくなり、いきなり平安時代のような〝麻呂な女〟になっちゃってドン引きした、という話を男友達からよく聞きます。

若い頃に抜きすぎたのかもしれませんが、いきなりNO眉毛だと、男としてはちょっと心がザワつきます（笑）。男性は女性のギャップに惹かれるものですが、眉毛の有無によるギャップは、ちょっと遠慮したいと思ってしまいます。

恥ずかしさからすっぴんを見せたがらない女性は多いですが、男性は「素の自分を僕には見せてくれた」という親近感が湧くものなのです。そんな感動の瞬間に、眉毛がないとちょっと不安になります。

とはいえ、ないものを生やすことはかなり難しい。とすれば、何か策を施しましょう。眉タトゥーは一度入れたらかなり持ちますが、ということは一度入れたら変えるのが難しいということ。細心の注意が必要です。

おすすめなのは、ティント系の眉グッズ。一度施すと1週間ぐらい保ちます。真っ黒ではなく、ナチュラルなカラーで、太さ、ライン、角度にはくれぐれも気をつけて。

自分の骨格に合ったバランスのよい眉に

その人の顔全体の印象を決めてしまうのが、意外にも眉。メイクトレンドで太さや長さなど若干の違いがあるものの、自分に似合う太さや角度をいかに知ったうえでケアを行っているかで、その人の美意識が出てしまう箇所でもあります。

まずは、骨格に合った眉毛のラインにすることが重要です。笑ったときの目の表情と、眉毛の角度が合っていなかったり、不自然に見えたりしないようにすることが大切。細過ぎるのは、貧相に見えたり、ヤンキーに見えます。また、太すぎるのは、〝西郷隆盛な女〟になってしまいます。

大人の女性にとっての眉は、顔全体を見たときに美しく見えるバランスが大事。普通に見えるのがベストです。自信がない人は専用のサロンで眉の長さやバランスなどを相談してみるとよいでしょう。テンプレートで整えるのもありです。

産毛はもちろん細かく処理をし、産毛、テンプレートからはずれた部分は、毛抜きで抜きましょう。近づくと意外に見えてます（笑）。

いきいきとした表情は目元からつくる

「イプサ」の病みつきアイクリーム

上質なハリと潤いが実感できるアイクリーム。コーティング成分を含んだ粒状カプセルの採用により、マスク効果が同時に得られ美容成分をチャージし続けます。肌の生まれ変わりを促進し、常にふっくらとハリを感じられることから病みつき必至。プレミアライン　アイリンクルマスククリーム１万円／イプサ

「セルヴォーク」の艶発色アイライナーペンシル

描きやすいのに、滲みにくい。肌や瞳の色となじみながらも鮮やかに発色し、思わず目が釘付けになる魅力的な目元を演出してくれます。ソフトなタッチで、下まぶたのアイラインにも適したチップ内蔵型。シュアネス アイライナーペンシル各2800円／セルヴォーク(マッシュビューティーラボ)

「ロート製薬」のラグジュアリーな目薬

筋肉疲労による「ピント疲れ」、目が乾いて起こる「ドライアイ」、ブルーライトや紫外線による炎症で起因する「デジタル疲れ」。現代人の３大蓄積疲労にアプローチしたラグジュアリーな目薬。国内最多の12有効成分が配合され、清涼化剤等のブレンド技術により気持ちの良い差し心地に。Vロートプレミアム1500円／ロート製薬

「RMK」の集中保湿アイジェル

乾燥などのダメージを受けやすい目元に、効果的な集中保湿アイジェル。みずみずしい潤いでデリケートな目元をふっくらとハリのある状態に導き、生き生きとした目元に。たっぷりと保湿するのにべたつかず、またローズヒップティーの香りだから使い心地も優しい。コンセントレイティッド アイジェル5000円／RMK（RMK Division）

「コスメデコルテ」のふんわりアイシャドー

弾力性のあるふんわりとしたテクスチャーで、指先から肌に溶け込むように伸び、しっとりしたつや感を演出。重ねるほどに陰影が協調されるのもポイント。高い密着力で長時間よれず、美しい仕上がりが持続します。30色展開からのセレクトも楽しい！ アイグロウ ジェム各2700円／コスメデコルテ（コーセー）

「アディクション」の30色多彩チーク

本来、チークは頬を色づかせ顔色を上げるもの。年齢を重ねると全体的に肌の色がトーンダウンするので、目の近くにもチークをひと塗りするのがおすすめ。美容成分配合のチークは優しい影や肌色を生み出してくれます。ザ ブラッシュ 002 017、ザ ブラッシュ トリニティ 003各2800円／アディクション（アディクション ビューティ）

「フジコ」の時短眉ティント

塗って乾かしてはがせば、眉が約3日間キープ。ハリとコシを保つ5大美容成分を配合し、眉毛をケアしながらティントできます。やわらかジェルがなめらかで塗りやすく、はがしやすいフィルムに。乾く時間を2分に短縮し忙しい朝でもOK。フジコ眉ティントSV各1280円／フジコ（かならぼ）

(左)「ヘレナ ルビンスタイン」の目力強調マスカラ
(右)「イヴ・サンローラン」のボリューム下地マスカラ

（左）フレキシブルなブラシで、ボリューミーなまつげを実現。目の存在感がアップします。ラッシュ クイーン フェリン エレガンス5300円／ヘレナ ルビンスタイン。（右）マスカラ前に塗布すると、仕上がりと保ちを瞬時にアップ。保護成分も配合。マスカラ ヴォリューム エフォシル フラッシュプライマー4200円／イヴ・サンローラン（イヴ・サンローラン・ボーテ）

05

「そっと触れたくなる手」

仕事柄、多くのブランドからパーティのご招待をいただくことが多いのですが、あるブランドのパーティで、とても美しい方をご紹介されたんです。端正で品のある顔立ちに魅了されたのですが、次の瞬間にショックの波が襲ってきました。というのも、シャパングラスを持つ手の爪が、長く伸びて尖っていて、さらに濃いめの赤で、ネイルアートもびっしりだったのです。ネイルアートが悪いわけではないのですが、上品さに欠けていて、一瞬にしてその方自体が素敵に見えなくなってしまったのです。

日頃のスキンケアでしなやかな手に

手は、異性との触れ合いの中で、まさにファーストタッチの場所。その手の触感に男はいろいろなことを妄想するんです。だから触れたくなる手であることが何より大切。乾燥してカサカサ、ささくれ立ち、ネイルされた爪がボロボロでは、とてもそんな気になれません。

ネイルをしていなくてもいいですが、ハンドクリームやネイルオイルでしっかりとケアしておきましょう。しっとり、しなやかな手は、それだけで守ってあげたくなるものなのです。

意識してない人が多いかもしれませんが、実は身体の中でいちばん大きく動く手は、とても目につく場所。とくに爪は目立ちます。

僕の持論から言うと、**ネイルはセンスよく控えめなのがベストです**。柄は主張しすぎるので服に合わないですし、3Dの小さいパールの装飾はカエルの卵がついているようにしか見えません。さらに黒い爪は、心に闇を感じて2、3歩後ずさりしてしまいます（笑）。ショッキングピンクは、指だけ浮いていて若づくりにしか見えないし。さらに何色も色を使う派手ネイルは目がチカチカするし……。

ネイルは自分で見えるので、指輪が〝自分のためのジュエリー〟であるのと同じように〝自分のためのお洒落〟になりがちです。でも、思った以上に人の目につくものです。〝自己満足ネイル〟からは卒業するのが大人の女性でしょう。

では、何がいいのでしょう？　僕がおすすめするのは、**落ち着いたベージュや薄いピンクの一色塗り、あるいは白のフレンチネイルです**。装飾をするなら薬指や親指にストーンを少しというのが美しいと思います。形は長すぎず少し長めのスクエアオフが品がありますね。

ネイルも、もちろんファッションの一部。でも、基本は洋服に溶け込ませて邪魔にならないことが大前提です。ネイルはあくまでも手を美しく見せるための要素のひとつ。全体のバランスこそが大切なのです。

美しいネイルは ベースのケアから

「クラランス」の マッサージディープクレンジング

ナイロン製のミクロビーズが不要な古い角質と汚れを浮かせて取り除き、セルロースのミクロビーズが表面を滑らかに。ミモザの成分が肌を鎮静し、毛穴をすっきりと引き締めます。さらにバクテリアの繁殖を抑制する効果もあり肌を落ち着かせ清潔に保ちます。ジェントル リファイナー 4200円／クラランス

「シロ」のハンド美容液

ハンドクリームではなく美容液という新発想のアイテム。アロエベラエキスをベースに肌なじみのいい植物性オイルを配合した美容液は、しっとりと手肌に潤いを与えてくれます。清潔感のある石鹸の香りと優雅に香るホワイトリリーを使い分けて。サボン、ホワイトリリーハンド美容液 各2500円／ともにシロ（ローレル）

(左)「ウカ」のネイルオイル (右)「オーピーアイ」の ネイル&キューティクルオイル

（左）7：15～24：45まで時間に合わせた香りをブレンドしたネイルオイル。華やかな香りは爪が乾燥して気持ちが落ち込んでいるときにもおすすめの1本。ウカ ネイルオイル 18：30　3300円／ウカ（ウカ Tokyo head office）（右）サッと塗れてベタつかず、持ち運びにも便利な爪の保湿オイル。プロスパ ネイル&キューティクルオイル トゥゴー 2000円／オーピーアイ（オーピーアイジャパン）

「ディープセラム」 爪トラブルの浸透補修液

二枚爪や薄くなってしまった爪など、傷んだ爪の内側まで製剤が浸透し、ダメージを補修してくれる浸透補修液。水溶性なので使い心地もよく、強く健やかな爪に。（左）ディープセラム（ローズの香り）オープン価格（右）ディープセラム 2600円／ともに興和

「曲線的で上品な足元」

電車に乗っているとき、前の座席に座っている人の脚が気になることがあります。素敵な雰囲気なのに、脚の緊張感がなくて足元がそろっていない女性が結構多い。これが本当に残念。装い方や顔が綺麗でも、どことなくだらしなさを感じてしまうんです。

つまり、足元をきちんと意識しているかどうかで、男は女性としての堅実さ、品のよさ、美しさを瞬時に見極めているのです。

06

細いだけの脚には魅力を感じない

多くの男は女性の脚が好きですが、女性がモデルやアニメのような細い脚を目指すのとは対照的に、男は細いだけの脚を求めているわけではないんです。腰の丸みや肉づきのいい太ももからも美しさを感じるのです。**要は肉づきのいいなだらかな曲線が男性にとっては魅力的なのです**。

かつて、女性は基本的にロングドレスを着用していたので、脚を見せることはありませんでした。20世紀初頭にシャネルがワーキングウーマンのための革命的な服づくりを始めてからどんどんスカートの丈の長さが変化し、脚を出してもいいというスタイルが認知されると、男たちは脚に色気を感じるようになったのです。

夏になると素足でいる機会も多くなり、サンダルから見える指や爪もケアが必要になります。ペディキュアの色や形は手と同じ。スクエアオフでベージュや白フレンチが理想ですが、少し大胆になれる夏は脱いだときに少しドキッとする濃いめの色もあ

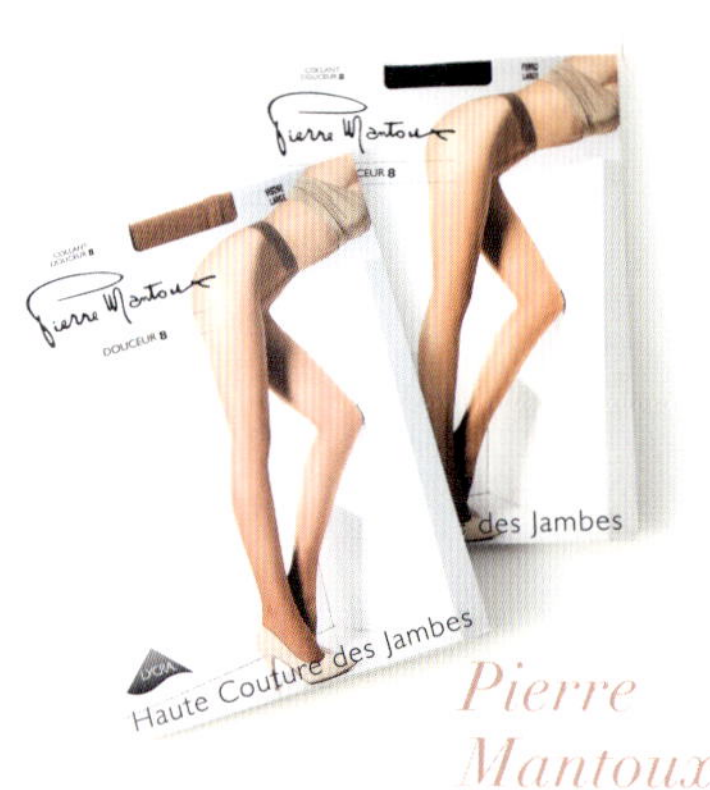

自分が触れて気持ちいい脚に

「ヴェレダ」のマッサージオイルとボディオイル

純粋なエッセンシャルオイルと植物エキスで、肩や腰、脚のケアに最適なマッサージオイル。植物成分が肌に浸透し、代謝機能を高めて血行を促進。ボディオイルは、ヒップや太もも、二の腕まわりの肌のざらつきをケア。アルニカ マッサージオイル2600円、ホワイトバーチ ボディオイル3800円／ともにヴェレダ（ヴェレダ・ジャパン）

「ピエールマントゥー」のストッキング

80年以上の歴史があるイタリアの最高級レッグウエアブランド。8デニールは限りなく薄く、透明感に加え、マットで控えめな艶感なので上品さが演出できます。脚を美しく見せてくれるので、一度はいたらやめられなくなること必至。ストッキング2300円／ピエールマントゥー（ステッラ）

「ヴェネツィアーナ」のストッキング

肌を綺麗に見せてくれる10デニールは、夏でも活躍します。黒でも薄すぎず、程よい肌の透け感がある20デニールは上品で年中使えます。腰回りのクロッチ部分がないので、かさばらずに快適。ガーターベルトストッキング替わりに着用できる逸品。（左）10デニール2800円、（右）20デニール2800円／ともにヴェネツィアーナ（チェルキ）

「アヴェダ」のお助けフットクリーム

乾燥したかかとや足に潤いを与え、疲れた脚を鎮静化してくれるフットクリーム。ペパーミント、ラベンダー、ローズマリーなどのアロマのクールダウン効果で、脚のむくみを解消してくれます。爽快感溢れるアロマのデオドラント効果も人気の理由の一つ。フット リリーフ3200円／アヴェダ

り。リゾートなら落ち着いた赤もありですね。普段しない色をこういうときに塗るだけで男はそのギャップにグッとくるんです（笑）。

そして忘れてはならないのがかかとの手入れ。バックストラップのパンプスを履いたときにかかとがあらわになると、どれだけ手入れされているかがわかってしまいます。駅の階段で前を登っていると、とっても目立つんですよね。しっかりと角質をケアしてクリームを塗りましょう。

最後にストッキングの話を少し。**男としては、ストッキングは薄手の黒が理想です。**基本、生足か黒いストッキングのみが美しく見えると思います。8〜30デニール。防寒のための真冬の真っ黒なタイツは、あまり色気が感じられません。さらにナチュラルやベージュのストッキングもあまり美しくないですね。

ナチュラルストッキングでオープントゥのサンダルを履いてつま先が見えているのは、特に滑稽な感じがするのでやめましょう。仕事で生足NGの職場もあると思いますので、仕方ないケースもあると思うのですが……。その際は、サンダルではなくパンプスを履きましょう。

07「優美な曲線を持つ身体」

先日、イタリアコレクションで大好きなイタリアの女優、モニカ・ヴェルッチさんを直接拝見する機会がありました。

大ファンだったので感動したのですが、その生のボディラインには本当に気絶しました
したね。53歳というのに、ボンッキュッボンは健在。ルパン三世に出てくる峰不二子も真っ青のボディラインでした。いや、本当に素敵でしたね。

男性から言いたい「やせないで！」

男性だけでなく女性も含め異性というのは、自分が持っていないものに対して興味を抱くもの。だから男性は丸みのあるバストやヒップ、なだらかな腰、太ももやふくらはぎの優美な曲線に心奪われるのです。

でも、女性は10人いたらほぼ10人がこう言います。「やせたい」。男性から見たら全然太ってないのに……。やせる必要なんてないんです。**ありすぎても少し困りますが、「たおやか」といわれるぐらい、肉感的なほうが魅力的に見えるのです。**

「でも、そんなこと言ったって、お腹が……。」とお腹まわりが気になる人は補整下着でスタイルアップすればいいと思います。

日頃の運動などで身体を動かすことも大切です。年をとるとどうしても代謝が悪くなるので、ヨガやピラティスなどで体幹を鍛えて筋肉を増やすのもおすすめ。**ストイックに筋トレをしてゴツゴツした身体になるより、有酸素運動で美しいボディを保ちましょう。**

また、華奢さをアピールしたいときは、手首、足首、デコルテ、首など、元々細いパーツを目立たせるなど、自分の武器になる箇所を知っておくことが大切です。

アンダーヘアを整えないのは日本人だけ？

顔の肌は女性の皆さん熱心ですが、身体も綺麗な肌だと最高です。

いつまでもハリのある素肌でいるには、基本として食生活が大切ですが、足りない場合はサプリメントで補いましょう。質感は、もちろんすべすべで滑らかであることが理想です。かかとを含め、ボディクリームで肌を整えましょう。

そして、ムダ毛。たいへんだと思いますが、できるだけきちんと処理してくださいませ。セルフケアもありですが、炎症することもあるので、美容クリニックでの時短ケアがおすすめです。痛みもなく安価で処理できるので気軽に利用できます。

両脚、腕、脇、うなじ、そして最近ようやく日本女性も気にし始めたのが、アンダーヘアの処理です。**実は欧米ではアンダーヘアを処理していないのは不衛生という認識があり、欧米人のほとんどがきちんと整えているといわれています**。

興味のある方は「ＶＩＯ脱毛」などで検索してみてください。いろいろな整え方があります。でも、何事も「普通」がいちばん。ＩとＯはきちんと脱毛し、Ｖは下着や水着から出ない程度にしておくのがおすすめです。

THREE

meiji

若々しい毎日に
還元型
コエンザイムQ10
DHA+アスタキサンチン

HACCI

身体の内側から美しくなる

「スリー」の清涼ボディウォッシュ&ボディエマルジョン

きめ細かい泡と清涼感のある天然の香りが特徴のボディウォッシュで洗い上げたあとに、アルガンオイル、ボラージ油などトリートメント効果の高い植物油を配合した乳液でマッサージ。しなやかで引き締まったボディに。(右) フルボディ ウォッシュ AC 3000円、(左) フルボディ エマルジョン 5600円/ともにTHREE

「ハッチ」のローヤルゼリー&抗酸化美容ドリンク

細胞の生まれ変わりをサポートし、血のめぐりを改善することで免疫力を上げ美肌につなげるハニーコラーゲン。朝飲んでUVに負けない抗酸化作用を体内に持てば、太陽の紫外線も怖くない。内側から白さをキープするための美容ドリンク。(左) ハニーコラーゲン、(右) ハニースノー各600円/ともにハッチ

「明治」のプレミアム成分配合コラーゲン

皮膚、髪、爪、骨、軟骨などを構成するタンパク質のコラーゲンは、20歳を過ぎると減少していくので、日々補い続けることが大切。アミコラは、水に溶けやすい低分子コラーゲンを含む贅沢プレミアム美容成分を凝縮。摂取し続けるとメイクののりの変化が期待できます。アミノコラーゲン プレミアム 缶タイプ4500円/明治

「ユニマットリケン」の還元型コエンザイムQ10

エネルギーを作り出すために必要な酵素の一つであるコエンザイムQ10は、不足すると血行不良や、肩こり、頭痛、疲労、手足の冷えなどが起こります。体内で変換せずにそのまま活用できる還元型で快適な体調管理をして。還元型コエンザイムQ10+DHA+アスタキサンチン オープン価格/ユニマットリケン

「記憶に残る香り」

人間の記憶とはおもしろいものです。都合の悪いことや興味のないことはすぐ忘れてしまうのに、どうでもいいことをなぜか覚えていたりします。

そして、ふっと思い出すのは、五感に響いたこと。五感とは、視覚、嗅覚、聴覚、味覚、触覚。この中で、最も記憶に残りやすいのが視覚なんですが、実はその次が嗅覚なのです。

そんな、人の記憶に強く残るかもしれない香水。どうやって選べばいいのでしょう？

自分の好きな香りを好きなように選ぶのもいいですが、僕のおすすめはパートナーと一緒に選ぶこと。

素敵なパートナーが自分の好みの香りをまとってくれていると思うと、ドキッとしたり、もっとそばにいたいと思ったりすることでしょう。会えないときにも香りを思い出したりして、さらに愛が深まる可能性も。

ほのかに香る程度につけるのが鉄則

香りをつけるときにもポイントがあります。二の腕や手首、首元、肘の内側など脈を打つ部分(パルスポイントといいます)にまずはつけましょう。香りは下から上がってきますので、首元だけでなく、脚にもそっとつけておくと効果的です。

1、2回空中にプッシュしてその下を通り、手ぐしで髪をとかせばヘアにもふんわりと香りをつけることができます。濃度が高いものはつける量を少なくし、ワンポイントのみにつけることも大切。

香水が苦手な方は香りのあるボディクリームが有効です。身体全体からほのかに漂う香りは自分のテリトリーである30センチ四方でないとわからないほど微香。繊細な香りにドキッとしない男性はいないでしょう。

絶対に気をつけてほしいのが、つけすぎ。少し近づいただけで香水の香りがプンプンすると興ざめです。つけすぎたら、もう一度シャワーを浴び香りを消すくらいの気持ちで慎重につけましょう。

もうひとつ、注意してほしいことがあります（うるさくてすみません……）。香水をつける前に、清潔にして自分からにおいがしていないことを確認してください。

口臭のところでも言いましたが、においについては友人から指摘がないので、十分に自分でチェックしましょう。ひどい体臭は病院で治療できることも多いので、気になるようなら悩みすぎず、医師に相談してみてはどうでしょう。

香りは、全身に作用します。鼻から脳へ、鼻や口から肺、そして全身へ。肌に塗ると、皮膚から血液やリンパで全身に巡ります。こんなに総合的に人の身体に作用する香りの力をぜひ活用してほしいと思います。

最後に、この素敵な言葉を紹介させてください。

「香水は、自分がキスされたいところにつけなさい」　ココ・シャネル

HERMES

あくまでも さりげなく香らせる

ACQUA DI PARMA

SANTA MARIA LOVELLA

JO MALONE

Beaute de Sae

BVLGARI

「エルメス」の柑橘系フレグランス

天才調香師ジャン＝クロード・エレナが創り出す、優雅で落ち着く香りが人気のエルメス。柑橘系をテーマにしたシリーズの中でも「オー ドゥ パンプルムース ローズ」は、グレープフルーツとローズが出会うことで、甘みの中にほのかな苦みがあるのが特徴。オー ドゥ パンプルムース ローズ／エルメス（私物）

「アクア ディ パルマ」のフレグランス

1916年にイタリアで誕生したブランド。地中海のリゾートを感じさせてくれるブルー メディテラネオ シリーズの中でも人気なのが、爽やかな柑橘系のベルガモットの香りがする「ベルガモット オーデトワレ」。パートナーと共有できます。75mL 1万2500円／アクア ディ パルマ（インターモード川辺）

(左)「サンタ・マリア・ノヴェッラ」のオーデコロン
(右)「ジョー・マローン ロンドン」のフレグランス

（左）フィレンツェで400年の歴史を誇る世界最古の薬局とされるブランドの最も古い香り。オーデコロン サンタ・マリア・ノヴェッラ。オーデコロン1万6000円／サンタ・マリア・ノヴェッラ（サンタ・マリア・ノヴェッラ銀座）（右）カリブ海に吹く風を思わせるライムの香りに刺激的なホワイトタイムが加わった代表的なフレグレンス。コロン（ライム バジル & マンダリン）1万4000円／ジョー マローン ロンドン

(左)「ブルガリ」の芸術的ボディミルク
(右)「ボーテ デュ サエ」の香るボディミルク

（左）保湿力はもちろん最高級の香りを身に纏うことができる、お茶をテーマにした香りのボディミルク。オ・パフメ オーテヴェール ボディミルク 200mL 6600円／ブルガリ（ブルガリ パルファン事業部）（右）優しく上品な香りで毎日使える、高保湿効果でお肌をしっとりさせるボディミルク。ナチュラル パフュームド ボディミルク（ローズブーケ）3900円／ボーテ デュ サエ

ものを大切にする精神に男は惚れる どうせ買うなら「一生もの」を

20年前、キャメル色のカシミア素材のコートを買ってわかったことがあります。それは、上質な素材で普遍的なデザインのアイテムは、何十年経ってもずっと着られるということ（自分の体型が極端に変わらない限り、ですが）。いわゆる「一生もの」です。一生ものになる条件は飽きのこないベーシックなデザインと、どんなコーディネートにも合わせられる定番色。長く着ていると、そのアイテムがその人の印象そのものになるということも。

もちろん長年着ていれば当然ほつれてきたり、破れてきたりもします。でもそれは、お直しでなんとでも修理ができます。そうやってに大切に着たコートを着るときに、「ここは、あの人とデートした時にほつれたものだ」とか、「寒かったミラノの冬によく着たなぁ」という美しい想い出と一緒に残り、さらに愛着が湧くのです。

安物買いをして、数回着ただけで捨ててしまうなんて、もったいないですよね。だからこそ、長く着られるベーシックなアイテムには、多少投資してもいいと思うのです。たとえば、20万円のコートを買って10年着用するなら1年で2万円。それなら高いとは思わないはずです。

イギリスのチャールズ皇太子が、上着の裾の部分に5cmぐらいの共生地で補修されたジャケットを、公式の場で着用されていたのをお見かけしました。もともと英国はものを大切にし、愛着のあるものは親から子へ受け継いでいく文化。チャールズ皇太子のジャケットそのものも、その精神も美しいですよね。

ものとどのようにつき合うかは、人とのつき合い方にも通じると僕は思うのです。トレンドファッション好きの人が人間関係もコロコロ変えるとは言いませんが、しっかり見極めた人と深く長くつき合うほうが、素敵な人生になると思いませんか？

ものも人も一生つき合っていくつもりで関係をはじめる。そんな大人の女性こそが素敵だと思うのです。

Chapter 4 *Personality*

「魅力的な女性に必要なもの」

「シンプルな装いで際立つのは中身。年を重ねるほど素敵な女性になるには？」

本書で紹介してきたタイムレスワードローブや軸となるアクセサリーは、シンプルでベーシックだからこそ、着用している人の美しさが引き立ちます。

そして、際立つのは外見の美しさだけでなく、内面もまたそこに表れてくるのです。

イタリア女性の大らかで優しい微笑みや知的で色気のある会話などがその象徴です。

一方で、トレンドのお洒落をしたり、ラグジュアリーな装いをすることには熱心でも、女性らしい優しさや上品さが欠けているように見える人も、残念ながらいます。

そういう女性は、どんなにお洒落でも、素敵な大人の女性とはいえないと僕は思うのです。

この章で僕が伝えたいのは、外見ではなく内面のお話。

日本では、「女性は若いほうがいい！」という男性が圧倒的に多いのですが、ことフランスでは年齢を重ねれば重ねるほど女性は素敵になると言われています。それは、多くのことを経験することで、知識が増え、それが女性の魅力に繋がっていくと考えられているからです。中身が素敵な女性は、すべて言葉や行動になって表れるのです。

男性は、女性の外見だけを見ているわけではありません。容姿端麗に越したことはないのですが、それと同時に、いちばん大事な内面も見ています。**「男は女性のトレンドなんてわからない」と言ってきましたが、その代わりにちょっとした言動や行動でわかる内面には女性以上に敏感だともいえるでしょう。**

ここからは、「魅力的な女性」になるために欠かせない5つの定義をご紹介していきます（僕の理想論になってしまうところは、どうかご容赦を……）。

「知性と常識」

男性と女性は、物事に対する考え方に大きな違いがあります。ファッションの捉え方もそのひとつ。うんちく好きで熟考型の男性に対し、女性は、感性を重視する瞬間反応型が多いように思います。

自分の感性を重視するのはいいのですが、「かわいい」と思ったら衝動的に飛びついてしまう女性も多いように見受けられます。特に、今どきの女性の広くて浅いスタイルからは、残念ながら知性を感じることができません。

ただ、流行だから、友達がいいと言ったから、ということだけで着ているように感じるのです。それでは洋服に着られてしまい、主導権は洋服。いつまで経っても自分なりに着こなすことなんてできません。

結婚式で身につけるべきもの、NGなもの

大切なのは、元々どういう場面で着られた洋服なのか？　何からインスパイアされてできた洋服なのか？　いつ着るべきものなのか？という知識やマナーです。

一般的に「ドレスコード」という服装のマナーがあるのをご存知でしょうか？　最近では、あまり気にしない人が多くなってしまいましたが、ドレスコードは、その場をイベントにふさわしいシーンにつくり上げていくために欠かせないルールなのです。

たとえば、結婚式で白のドレスを着るのはＮＧということは知っているかもしれませんが、理由をご存知ですか？　白は花嫁衣装の色だからです。この理由を知っていれば、淡いベージュや薄い黄色やピンクも、写真うつりによっては白に見えるので避けるという判断ができます。

さらに、ドレスから靴、小物に至るまで、全身真っ黒の服装というのもＮＧ。その理由は、結婚式というおめでたい場なのに不祝儀（ぶしゅうぎ）をイメージさせるからです。では、結婚式にブラックドレスを着るときはどうすればいいでしょう？　そういう場合は、

羽織るものや小物などに違う色を入れれば大丈夫です。

ミニ丈や肩出しのような極端に露出が高い服装もダメですし、アニマル柄やレザー、ファーなんていう素材も殺生をイメージさせるのでNGです。

夜の時間帯の披露宴に限っては、胸元や背中が開いている少し露出のあるロングドレスでも大丈夫です。イブニングドレスは正礼装だからです。とはいえ、挙式ではいずれの時間帯でも必ず羽織るものを身につけ、露出を控えることがマナーなのです。

知らないで着ていけば、自分も恥をかきますが、招待した新郎新婦にも恥をかかせてしまいます。

なぜ高級レストランにデニムで入店できないのか？

結婚式のドレスコード以外では、デニムでは高級レストランに入れないのは今や常識です。格式を重んじる老舗では門前払いになってしまいます。それはなぜでしょう？

デニムは、1950年代のゴールドラッシュの時代にアメリカで金塊を掘る作業用として着られたワークウェアだからです。ワークウェアとして誕生したのですから、高級レストランに着ていけないのは当然です。これは、高級レストランだけでなく、船旅（クルーズ）のドレスコードでもあります。

こういった基本的な知識やルール、マナーを知ることは、その人の知性や品格につながります。「必要なのは、お金じゃなくてセンスです」という言葉がありますが、僕は、**お金よりもセンスよりも前に知識、知性があるべきだと思うのです**。

大人の女性なら、ドレスコードと同じように行動も知性あるふるまいができるとさらに素敵です。たとえば、何軒も飲み歩いて泥酔するというのは、若いうちならいいですが、年齢を経てからは慎みたいもの。一方、どんなに盛り上がっていても、ある程度いい時間になったら「私はそろそろ失礼します」とスパッと切り上げるような女性に、僕は控えめで分別のある大人の魅力を感じます。

すべてを制御する必要はないですが、自分の年齢にふさわしい振る舞いをする知性こそ、大人の女性に必要なものだと思うのです。

02

「なんでも楽しめるバランス感覚」

ファッションだけでなく、物事はなんでもバランスが肝心です。こだわりを持ってひとつのことを探求するのは悪いことではありませんが、「これはこだわりではなく偏りでは」と感じる人もいます。

たとえば、「私、泡(シャンパン)しか飲まないの!」「ミシュラン星付きのレストランしか行きたくない」というような人。もちろん、シャンパンは美味しいし、素敵な高級レストランはたくさんあるし、僕も行きます。

でも、本当に美味しいものが好きなら、B級グルメや名もないレストランでも、美味しければどこでもいいはずです。いろいろ食べてたどり着いたのが「シャンパン」と「星つきレストラン」という自分なりの結論ならいいですが、そうでないなら、セレブ気取りで見栄を張っているだけの人に僕には見えます。

狭い視野で「これしかしない」と決めてそれ以外のことに挑戦しないことが、バランス感覚の欠如につながるのです。

それはファッションにおいても同じこと。「私ルイ・ヴィトンしか買わないの」「エルメスしか持ちたくない」というブランド一辺倒主義も、バランスがない証拠。一つのブランドを愛することが悪いわけではないですが、もう少し視野を広げてみてもいいのではないでしょうか？　僕はエルメスのバッグも好きですが、ギャップのTシャツも同じように好きです。よいものは値段ではないと思うからです。

レストランでいえば、星付きレストランもB級グルメもどちらも同じように楽しめる女性は、魅力的に映ります。**どんなシーンでも相手に合わせて楽しめる。そんな人はより多くのことを一緒に経験できるので、話をしていてもおもしろいのです。**

幅を持っていろいろ楽しめることが、全体に調和のとれた人柄、ファッションにつながり、どんなシーンにもマッチする魅力的な女性になれるのです。

「幅広い興味と経験」

03

僕がここ数年ハマっているものの一つに船旅（クルーズ）があります。日常から隔離された優雅な世界はとても魅力的です。船旅はドレスコードがあり、さまざまなシーンのグローバルスタンダードな装いを学ぶことができます。朝食、昼食、観光、ディナー、パーティなど、それぞれ着用するものが違うのです。

装うことで自分を表現する術を学び、実践できる機会が凝縮されているのが船旅なのです。僕は、この船旅で本当に多くのことを学びました。装うことだけでなく、世界のどんな人が乗船し、旅をしているのかなども……。

「百聞は一見に如かず」ということわざ通り、どんなに人から聞いたり本で読んだことでも、一度の経験に勝ることはありません。自ら経験していることは、頭だけでなく身体でも覚えているので、同じようなシーンでは余裕を持って対応できるのです。たとえば、海外ではレディファーストが当たり前ですが、それを経験していれば、日本でエスコートされたときにも、遠慮せずに自然に「ありがとう」とサラリと言えるはずです。そして、そんな女性はとても素敵です。

シンプルなスタイルになればなるほど、言葉や仕草が問われます。白いTシャツにデニムというカジュアルなスタイルなのに、「この人はブラックドレスを着たらどんなに素敵に見えるだろう？」と想像させるくらいの言葉や仕草が重要なのです。でも、上質なブラックドレスを着た経験がなければ、それはできません。

とはいえ、クルーズや海外、高級レストランなどは一人で経験を積むことは難しいのも事実。そういう場合は、パートナーとともに学ぶといいでしょう。年齢が上の方に格式のある場所で教えてもらうのもおすすめです。

目指すは、白いTシャツにデニム姿のときにブラックドレスを想像させる女性。すべては経験からです。幅広く興味を持ち、どんどん挑戦してみましょう。

04

「〝これだけは人に負けない〟という自信」

仕事に一生懸命打ち込んでいる人は、自信に満ちて魅力的に見えます。その仕事が認められるとそれがさらなる自信になります。その結果が社内外からの信頼を得て、また次の仕事につながっていくことにもなります。

それは、仕事だけではなく、趣味や家族においても同じこと。**どんなことでも、一つのことを突き詰めると「これだけは人に負けない」という自信になり、その人の魅力につながっていくのです。**

たとえば、人気女性ファッション雑誌の『ＶＥＲＹ』でカバーモデルを務める滝沢眞規子さん。その美しさとお洒落なライフスタイルが編集部の目にとまり、読者モデルからカバーガールへと華やかな階段を登っていきました。
でも、彼女には人気モデルになっても変えることのないスタイルがありました。それは家族をいちばん大切にし、母として妻としての役割を決しておろそかにしなかったことです。それをキープし続ける努力。きっと並大抵のことではなかったはずですが、その確固たる意志と結果が自信になり、読者が憧れる女性になっていったのです。

何か一つ負けないもの、大切なものをつくってみましょう。スポーツではないので、1位にならなくて大丈夫。「家族を愛する心は誰にも負けない」でも、「どんなに疲れていても朝は元気にあいさつする」でも、自分なりに決めたことでいいんです。それを続けることによって、必ず自信につながり、それが魅力に変わっていきます。

自信がつけば表情が明るくなり、笑顔が増えます。自信があれば、羨望や嫉妬が消え、人にも優しく接することができるようになります。愚痴も少なくなるはずです。笑顔が似合う「魅力的な女性」になるためには、自信を持つことがとても大切なのです。

05

「女性らしい優しさと包容力」

多くの男性は、優しさと包容力を女性に求めます。それは、ある種、母親を求めているといえるかもしれません。母のような大らかさと何があっても味方でいてくれる優しさ……。男性の永遠の理想といえるでしょう。

女性からすれば、「じゃあママといれば」と思うかもしれませんが、これはマザコンとかそういう次元ではなく、どうしようもない男の本能のようなものなのです。

実際、男性と比べれば、女性の大部分はいわゆる「母性的」で優しい部分を持っているはずです。本書は「男の本音」の要素も大切にしているので、どうか男性が女性に求めるのが母のような優しさと包容力であることを理解し、男性に接するときには思い出してほしいのです。

イギリスの故・ダイアナ妃は、まだ小さい息子たちの手を取り、日雇い労働者が働く様子を見せに連れていったことがあるそうです。それは、やがてイギリス王位を受け継ぐことになる王子たちに、イギリスの社会構造や現状を教えるためでした。

それまでの王室では考えられないことでしたが、王子たちに国民のことをしっかりと理解してもらいたい一心で実行されたのだそうです。

ダイアナ妃の行動は、本当に心から王子たちの将来を思ってのこと。自分が批判されることはもちろん覚悟のうえでしょう。これこそ、女性らしい優しさと思いやりからの行動だと僕は思うのです。

女性は男性と比べると感情豊かです。それは、短絡的に口論したり、流行ものを衝動買いしてしまったりという表れ方もありますが、優しさや他者への思いやりという素晴らしい表出の仕方もあるのです。

「魅力的な女性」を目指すなら、ぜひ後者を意識してもらえると嬉しいです。

Column
{04}

トレンド買いの銭失い アウトレットやセールで 本当に買うべきもの

タイムレスで良いものをそろえるにしても、ラグジュアリーブランドのものは、やはりとても高価です。経済的によほど余裕がない限り、すべて購入するのは難しいものです。そんな時に利用すべきは、セールやアウトレット。

年に２回の１月、７月のセールはもちろん、すこし郊外にあるアウトレットに足を運んでみるのもおすすめです。

ベーシックなアイテムは、なかなかアウトレットに出ないと思われがちですが、シーズン落ちで、ひっそりと販売されていたりします。特に値引き金額の高いラグジュアリーブランドは狙い目。アウトレットにより出店しているブランドが異なるのでネットなどでお目当てのブランドを調べて行きましょう。

数あるアウトレットの中でも御殿場のプレミアムアウトレットは、僕が好きなロロ・ピアーナやトッズが出店している数少ない店舗のひとつです。

また、イタリアに渡航の際にはミラノの市内にも数多くのアウトレットがあるので利用するのもいいでしょう。あまりの商品の多さに宝探し状態にはなりますが、それもアウトレットのひとつの楽しみ方。宝物を見つけた時は、まさに気絶するぐらいの嬉しさ。きっと思い出の逸品になるはずです。

セールでトレンドものを買うことこそ、安物買いの銭失い。

ショップ側もそのシーズンのトレンドものを売り切ろうとするので値引率が高く、「安くなっているから買っておこうか」と思ってしまうのです。その結果、数回しか着なかったという洋服、思い当たるのではないでしょうか。

セールに行くときこそ、「トレンドものは買わない」「ベーシックなものを買う」という強い心を持って挑みましょう！

P173：ワンピース 5 万 2000 円／アドーア、ピアス（私物）
P193：リング 89 万円／ブシュロン、ワンピース 5 万円／ヨーコ チャン、ピアス（私物）
P197：タートルネックノースリーブニット 6 万 9000 円、カーディガン 9 万 8000 円／ともにクルチアーニ（クルチアーニ銀座店）／ピアス（私物）

おわりに

『干場義雅が語る女性のお洒落』は、僕にとって4冊目の著書。『世界のエリートなら誰でも知っているお洒落の本質』（ＰＨＰ）、『一流に学ぶ色気と着こなし』（宝島社）、『干場義雅が教える大人カジュアル　究極の私服』（日本文芸社）など、今までは男性に対して書いてきましたので、女性向けの書籍は、初の試みとなります。

なぜ、女性向けに本を書こうと思ったかについては、冒頭にも述べた通りですが、日本の女性たちのお洒落はある一定のレベルには達していますが、僕が思う「魅力的な女性」は少ないように感じるからです。雑誌やウェブの情報を鵜呑みにして、「お洒落＝流行のものを身につけること」と考えている人が多いように思うのです。

魅力的な女性とは？

僕が思う「魅力的な女性」は、必ずキラキラと輝いています。それは平たく言えば、「オーラ」というものかも知れません。「オーラ」は、本人が出そうと思って出るものではなく、出そうとしていなくても出てしまうもの。

「オーラ」は、美しくてきらびやかなドレスを着ているから出るものではありません。流行の靴やブランドもののバッグを持ったからといって出るものでもありません。

外見を装っていなくても素敵な女性はいます。それは「中身」が美しい女性です。中身とは、バランスが取れた食事や運動、睡眠によってできる女性らしい健康的な身体、手入れの行き届いた爪、艶やかな髪や瑞々しい肌、輝きのある目、知性の上にある控えめな装いや香り……。

ただし、やはりこれも「オーラ」とは違うのです。「オーラ」は外見や中身だけでも出るものではありません。では、どういう女性に「オーラ」があるのでしょう?

それは「内面」も美しい女性です。人としての優しさや思いやりがある女性です。堅実さや誠実さの上にしか成り立たない信頼感、経験から生まれる成熟したしぐさや色気、母性から生まれる優しさや思いやり、そして愛、品格の中から生まれる言葉や行動……。

美しい内面と、外見と中身。そのすべてのバランスが取れて魅力的に見えるのです。

そして、その魅力ひとつひとつがミルフィーユのように幾重にも重なり、すべてがその人らしく自然に見えた瞬間にだけ「オーラ」は輝きを放つのです。

たとえて言うなら、虹のようなものなのかもしれません。すべての自然現象が整い、ふとした瞬間の光の屈折によって虹が見えるようなもの。それが「オーラ」なのです。

本書では、1章2章で外見、3章で中身、4章で内面について、僕が思う「魅力的な女性」について語らせていただきました。

大事なのは中身と内面ですから、外見については、それらを輝かせ、引き立たせる装いとしての面を大切にしています。だから、ベーシックで上質、シンプルでタイムレスな小物、洋服を提案しているのです。

おわりに

193

Epilogue

年齢を重ね、経験が増えることで女性はオーラをまとう

「船旅（クルーズ）を経験したことで私は綺麗になることができたの。高級ブランドのバッグをいくつも持つのもいいかもしれないけど、同じ金額でさまざまな経験をすることで女性は磨かれるし美しくなるの……」と、ラジオやテレビ、雑誌など、さまざまなお仕事でご一緒し、いろいろなことを教えていただいたクルーズコンシェルジュの保木久美子さんは言っていました。

そう、「オーラ」は、幅広い経験を重ねてはじめて出てくるのです。特に「内面」の思いやりや優しさ、知性、美意識、成熟した色気などは、どんな経験をしてきたかで行動やしぐさに表れてきます。

だからこそ女性には、年齢を重ねることに臆せず、常に前を向いて生きていってほしいのです。

女性はダイヤモンドと同じです。30歳よりも40歳、40歳よりも50歳……。年齢をカラットに置き換えれば、40歳は40カラット。50歳は50カラット。

女性は、年齢を増すごとに、より素敵になり、よりラグジュアリーなものが似合うようになっていくと思うのです。

「干場さんは、そもそも女性じゃないんだから、女性のお洒落を語っても響かない」「女性の気持ちをまったくわかってない」「提案しているスタイルが古い」……そういうふうに思う人もいらっしゃることでしょう。

でも、異性である僕だからこそ客観的に見えたり、気づいたりすることもあると思って書いたのがこの本です。

装いやお洒落に正解はありませんし、当然ひとつではありません。本書に書かれているスタイルは、あくまで僕が素敵だと感じたスタイルのごく一部です。ご自身が思う「魅力的な女性」になるための少しでもお役に立てたら幸いです。

謝辞

最後に、本書を刊行するにあたりお声をかけていただきましたディスカヴァー・トゥエンティワン社長の干場弓子氏、スケジュールが厳しい中、最初から最後まで懇切丁寧にご尽力いただきました編集の大竹朝子氏と編集&ライターとして長年ご一緒していただいている池田真理子氏、広告を担当してくださった片野英児氏、モデルとして全ページに渡って素敵に洋服を着こなして頂きました真樹麗子氏、素敵なモデル写真を撮ってくださいましたカメラマンの平井敬治氏、美しい物写真を撮ってくださいましたカメラマンのSHINTARO氏、センスのよい洋服をたくさんご用意していただいたスタイリストの金本良子氏、美しいヘアメイクを長年担当していただいている越智めぐみ氏、コスメや雑貨をご用意いただいた小山久美氏と上原亜希子氏、撮影用にクルマをご用意したいだいた迎美貴氏、ご協力いただきました各ブランドの方々、そして長年応援してくださるすべての方々に、この場をお借りしまして心よりお礼申し上げます。本当にありがとうございました。

干場義雅

・セイコーウオッチ お客様相談室／0120-061-012
・ダブルビー／03-6861-7688
・チェルキ／03-6418-6779
・ティファニー・アンド・カンパニー・ジャパン・インク／0120-488-712
・ドゥ・ラ・メール／03-5251-3541
・ドクターシーラボ／0120-371-217
・トッズ・ジャパン／0120-102-578
・トラデュイール／06-6313-7903
・日本橋髙島屋 本館（シーズンスタイルラボ、ジュエリーサロン）／03-3211-4111
・日本橋三越本店／03-3241-3311
・ハッチ／0120-1912-83
・パテック フィリップ ジャパン・インフォメーションセンター／03-3255-8109
・パナソニック 理美容・健康商品 ご相談窓口／0120-878-697
・ハリー・ウィンストン クライアントインフォメーション／0120-346-376
・パルファン・クリスチャン・ディオール カスタマーサービス／03-3239-0618
・ピー・エス・インターナショナル／03-5484-3483
・フィリップス お客様情報センター／0570-07-6666
・フジコ お客様相談室／0120-91-3836
・ブシュロン カスタマーサービス／03-5537-2203
・ブライトリング・ジャパン／03-3436-0011
・ブリンク ベース／03-3401-2835
・ブルーベル・ジャパン／03-5413-1050
・ブルガリ ジャパン／03-6362-0100
・ブルガリ パルファン事業部／03-5413-1202
・ヘルノ・ジャパン／03-6427-3424
・ヘレナ ルビンスタイン／03-6911-8287
・ボーテ デュ サエ／0120-381-097
・マッシュビューティーラボ／03-3261-2892
・ミキモト カスタマーズ・サービスセンター／0120-868254
・ミラリ ジャパン／03-3514-2950
・ミリメートル／090-4390-8265
・明治 スポーツ・美容・健康／0120-858-660
・モガ／03-6861-7668
・ヤーマン／0120-776-282
・ユニバーサルランゲージ 渋谷店／03-3406-1515
・ユニマットリケンお客様相談室／0120-66-2226
・ヨーコ チャン／03-6434-0454
・ラ・フォンタナ・マジョーレ 丸の内店／03-6269-9070
・リーミルズ エージェンシー／03-5784-1238
・リック／03-6434-0322
・リンク・セオリー・ジャパン／03-6865-0206
・ルーヴルドー／06-6442-0365
・レナウン プレスポート／03-4521-8191
・ロート製薬 お客様安心サポートデスク／Vロートプレミアム／06-6758-1230
・ローレル／0120-275-606
・ワコール お客様センター／0120-307-056

※掲載している商品に価格表記がない場合、すべて私物です。
私物に関してのお問い合わせはお控えいただきますようお願い申し上げます。

Shop List

- ・**magicnumber** ／ 03-6451-3297
- ・**IWC** ／ 0120-05-1868
- ・**RMK Division** ／ 0120-988-271
- ・**SANYO SHOKAI カスタマーサポート（サンヨー コート）** ／ 0120-340-460
- ・**SK-Ⅱ お客様相談室**／ 0120-021325
- ・**SUQQU** ／ 0120-988-761
- ・**THREE** ／ 0120-898-003
- ・**uka Tokyo head office** ／ 03-5778-9074
- ・**アイゴールド**／ 03-6447-0474
- ・**アヴェダ**／ 03-5251-3541
- ・**アディクション ビューティ**／ 0120-586-683
- ・**アドーア**／ 03-6748-0540
- ・**アドーア 六本木ヒルズ店**／ 03-3475-5915
- ・**イヴ・サンローラン・ボーテ**／ 03-6911-8563
- ・**伊勢丹新宿店**／ 03-3352-1111
- ・**イプサ お客さま窓口**／ 0120-523-543
- ・**インターモード川辺**／ 0120-000-599
- ・**インテレプレ**／ 03-6804-3861
- ・**ヴァシュロン・コンスタンタン**／ 0120-63-1755
- ・**ヴァレクストラ・ジャパン**／ 03-3401-8017
- ・**ヴィンス 表参道店**／ 03-6804-1224
- ・**ヴェレダ・ジャパン**／ 0120-070-601
- ・**オーバドゥ**／ 03-5719-7290
- ・**オーピーアイジャパン**／ 0120-559-330
- ・**オブ・コスメティックス**／ 03-6274-6621
- ・**オリバーピープルズ 東京ギャラリー**／ 03-5766-7426
- ・**カルティエ カスタマー サービスセンター**／ 0120-301-757
- ・**キートン**／ 0120-838-065
- ・**ギャップ**／ www.gap.co.jp
- ・**クラランス**／ 03-3470-8545
- ・**クリスチャン ルブタン ジャパン**／ 03-6804-2855
- ・**クルチアーニ 銀座店**／ 03-3573-6059
- ・**グレイミスト ジャパン**／ 03-3408-2620
- ・**ゲストリスト**／ 03-6869-6670
- ・**興和 お客様相談センター**／ 03-3279-7755
- ・**コスメデコルテ／コーセー**／ 0120-763-325
- ・**ザラ・ジャパン カスタマーサービス**／ 03-6415-8061
- ・**三喜商事**／ 03-3470-8231
- ・**サンタ・マリア・ノヴェッラ銀座**／ 03-3572-2694
- ・**ジェームス パース 青山店**／ 03-6418-0928
- ・**資生堂インターナショナル**／ 0120-81-4710
- ・**ジミー チュウ**／ 03-5413-1200
- ・**シャンタルトーマス**／ 03-5719-7265
- ・**ジョルジオ アルマーニ ジャパン**／ 03-6274-7070
- ・**ジョー マローン ロンドン お客様相談室**／ 03-5251-3514
- ・**ステッラ（ピエール マントゥー事業部）** ／ 03-3523-9048
- ・**ストラスブルゴ（ウイメンズ）** ／ 0120-383-653
- ・**スローウエアジャパン**／ 03-5467-5358
- ・**スローン**／ 03-6421-2603

必要なのは、美意識と知性と少しの色気
干場義雅が語る女性のお洒落

発行日　2018年　11月20日　第1刷

Author　干場義雅

Contributing Editor　池田真理子（編集・執筆協力）

Advertising　片野英児

Photographer　平井敬治（モデルカット）　SHINTARO（商品カット）

Book Designer　加藤京子・我妻美幸（Sidekick）

Model　真樹麗子（Precious専属）

Stylist　金本良子

Hair & Make-up　越智めぐみ

撮影協力　小山久美・上原亜希子（Beauty）　迎美貴

Publication　株式会社ディスカヴァー・トゥエンティワン
〒102-0093　東京都千代田区平河町2-16-1 平河町森タワー11F
TEL　03-3237-8321（代表）　FAX　03-3237-8323
http://www.d21.co.jp

Publisher　干場弓子

Editor　大竹朝子

Proofreader　文字工房燦光

Printing　シナノ印刷株式会社

・定価はカバーに表示してあります。本書の無断転載・複写は、著作権法上での例外を除き禁じられています。インターネット、モバイル等の電子メディアにおける無断転載ならびに第三者によるスキャンやデジタル化もこれに準じます。
・乱丁・落丁本はお取り替えいたしますので、小社「不良品交換係」まで着払いにてお送りください。
・本書へのご意見ご感想は下記からご送信いただけます。
http://www.d21.co.jp/contact/personal

ISBN978-4-7993-2389-2
©Yoshimasa Hoshiba, 2018, Printed in Japan.